Écrans

2018 – 2, n° 10

Écrans

Traversées, frontières et circulations dans les films d'Afrique et de ses diasporas

Sous la direction de Daniela Ricci,
Melissa Thackway, Anne Crémieux et Gilles Remillet

PARIS
CLASSIQUES GARNIER
2020

Écrans est une revue soutenue par l'université Blaise Pascal – Clermont-Ferrand (CELIS) ; l'université Lumière – Lyon 2 (Passages XX-XXI) ; l'université Paris Nanterre (HAR).

ISBN 978-2-406-09835-5
ISSN 2267-4357

SOMMAIRE

INTRODUCTION

Les cinémas nationaux d'Afrique se sont développés aux lendemains des indépendances, dans les années 1960. Ce moment d'effervescence sociale et de bouleversement politique coïncide avec l'émergence de mouvements de rupture cinématographique, tant en Europe que dans l'axe tricontinental (Asie, Afrique, Amérique Latine). Abreuvés de cinéma colonial, les premiers cinéastes africains ont exprimé d'autres points de vue et inventé d'autres langues cinématographiques. Ce fut une étape importante dans l'histoire du cinéma d'expression politique par la prise en main de la caméra. En effet, le décret Laval de 1934 soumettait toute prise de vue dans les colonies françaises à une autorisation délivrée par les autorités coloniales ; autorisation systématiquement refusée aux colonisés et qui assurait une censure contre toute entreprise cinématographique anticoloniale. Les sociétés d'Afrique restent aujourd'hui très peu représentées par le cinéma international, objets plutôt que sujets de représentation alors que les cinémas nord-américains et européens dominent très largement le marché mondial. L'Afrique à l'échelle du continent compte pour très peu en tant que marché à la production et à l'exportation (seul le Nigeria se démarque) mais aussi, de manière tout aussi impactante pour l'image qui en est donnée à l'importation de films étrangers, du fait du petit nombre d'exploitants et de la fermeture de grands marchés pour raison de censure.

Les cinéastes d'Afrique se sont souvent déplacés, traversant divers univers culturels qui nourrissent leurs créations artistiques. L'universitaire Teshome Gabriel qualifia même les cinémas d'Afrique subsaharienne de « cinémas nomades[1] ». Films en mouvement, films des grandes espaces, films des interstices, ils bouleversent les codes et les genres

1 Gabriel, Teshome, « Thoughts on Nomadic Aesthetics and The Black Independent Cinema: Traces of a Journey », Critical Perspectives on Black Independent Cinema Blackframes, éd. M. B. Cham, C. Andrade-Watkins, Cambridge MA The MIT Press, 1988, p. 62-79.

cinématographiques. Affirmer cette liberté de circulation réelle et créative est en soi un geste politique, voire révolutionnaire, dans le contexte paradoxal de repli national parallèle à la mondialisation. Les collaborations entre les cinéastes de l'axe tricontinental (Amérique Latine, Asie et Afrique) qui favorisent les migrations des idées et des formes prennent d'autant plus d'importance dans ce contexte. Dans un monde global postcolonial marqué par l'inégalité de la mobilité et des circulations, ces questions reviennent en force dans les films et forment des lignes concrètes ou métaphoriques, que l'on franchit ou qui séparent.

Si les années postindépendances s'étaient résolument tournées vers le social et le politique, répondant à l'urgence de questionner et de filmer autrement les réalités africaines, à partir des années 1990, l'intime s'affirme davantage et devient central aux narrations, sans pour autant rompre avec les questionnements socio-politiques qui habitent ces œuvres. De nouvelles écritures apparaissent, « capable(s) de prendre des risques dans la forme comme dans le fond, de poser des questions sans réponse, d'explorer l'humain sans concession[2] ». La voix des femmes s'impose, nouveau regard au sein d'un cinéma qui avait su lui aussi les exclure. La révolution numérique donne naissance à d'autres modèles de production cent pour cent locaux, à une économie d'échelles variable et notamment à l'industrie de la vidéo nigériane plus connue sous son surnom désormais célèbre de « Nollywood », faisant du Nigeria le deuxième producteur de films au monde, après l'Inde et avant les États-Unis.

Cette publication est née des riches échanges entamés lors de la journée d'études *Traversées. Frontières et circulations dans les films d'Afrique et de sa* diaspora, organisée à l'université de Paris Nanterre le 25 mars 2017. Les intervenantes, en dialogue avec le public, ont lancé des pistes de réflexion autour des frontières, concrètes et métaphoriques, que les cinémas d'Afrique et de ses diasporas mettent en images pour les questionner, les franchir, les dépasser, dans une circulation féconde d'émotions, de politiques, de tranches de vies et de réflexions sur le monde postcolonial. Cela se reflète dans la variété d'approches et de styles des contributions, où des articles académiques classiques sont mis

2 Bardelet, Olivier, « Africamania 50 ans de cinéma africain à la Cinémathèque française », <africultures.com/les-cinq-decennies-des-cinemas-dafrique-7304/>, 2008, p. 8, consulté le 1er avril 2018.

en dialogue avec des critiques de films, des récits personnels, autant d'analyses du travail de cinéaste. Les auteures de cet ouvrage collectif sont elles et eux-mêmes issus de divers cultures et pays d'Europe. Afin de respecter l'originalité subjective de chaque auteur, les textes sont publiés dans la langue dans laquelle ils ont été écrits, le français ou l'anglais. Les films analysés parlent diverses langues et proviennent d'univers culturels et géographiques variés, du Mozambique au Nigeria en passant par l'Amérique et l'Europe.

Les textes rassemblés ici témoignent également, tour à tour, des changements que les Afrodescendants apportent au cinéma français actuel, comme un nouveau souffle, tant dans les modes de production que dans les styles narratifs, portés par ces cinéastes de la « double vague[3] ». Observateurs·trices de la société contemporaine à partir des lisières sociales, ils et elles viennent enrichir le récit national par un élargissement de point de vue. La variété des textes propose un regard d'ensemble qui témoigne de la vivacité des productions contemporaines, des sources d'inspiration diversifiées et différemment adaptées, des ruptures et des continuités, des héritages et des nouvelles propositions.

Nous proposons une approche analytique, articulée dans une pluralité de perspectives et de démarches : des réalisateurs et réalisatrices, des chercheurs et chercheuses et des critiques de divers pays se confrontent autour de la notion de traversée. Les contributions de cet ouvrage questionnent les traversées entre les genres, entre cinéma de fiction et documentaire, entre cinéma d'auteur et cinéma populaire, entre films indépendants et productions de l'intérieur du système, entre les générations de cinéastes, entre les productions réalisées sur le continent africain et ailleurs. Chaque auteur – tant les contributeurs et contributrices de cet ouvrage que les cinéastes – apporte son regard « situé » et inédit (pour paraphraser Donna Haraway)[4], à partir de son propre cadre de référence.

Melissa Thackway, en citant Frantz Fanon, rappelle comment ces productions cinématographiques questionnent également les frontières et les limites imaginaires intériorisées par les indigènes, et que les narrations dominantes nourrissent.

---

3 Diao, Claire, *Double vague. Le nouveau souffle du cinéma français*, Paris, Au Diable Vauvert, 2017.

4 Haraway, Donna, *Des singes, des cyborgs et des femmes. La réinvention de la nature*, Paris, Jacqueline Chambon, 2009.

Comme le démontre **Raquel Schefer**, il s'agit bien souvent des cinémas de résistance et de libération esthétique et politique, à même d'agir comme des possibles reconstructions de l'acte même de voir.

Par leurs réflexions sur leur propre parcours humain et artistique, les textes des cinéastes apportent à ce volume une contribution fondée sur leur expérience personnelle, ni récit autobiographique, ni autoportrait, mais plutôt clé subjective d'interprétation du réel. Selon **Jean-Marie Teno**, la vie et le travail du cinéaste ne peuvent plus être dissociés. Il associe ainsi le cinéma au « jeu » pour ensuite passer du « jeu » au « je » ; selon lui, le cinéma se doit de mélanger le réel et l'imaginaire, la vie et sa représentation.

Isabelle Boni-Claverie, affirme à propos de sa position diasporique et de celle de son cinéma : « Devrais-je, parce qu'une partie de mon ascendance est africaine, me laisser enfermer dans un type de production et de films qu'on attendrait de moi ? ». Cette attente, dont les nuances varient selon les cultures et les géographies, ramène toujours à l'histoire coloniale et à la domination occidentale, réelle ou fantasmée, au sein et en dehors de l'Afrique. Pour s'en libérer, Isabelle Boni-Claverie doit déconstruire le mensonge familial et républicain, si bien que le politique est toujours lié au personnel et à l'esthétique. La subjectivisation de la narration historique restitue une pluralité des perspectives qui ne peuvent qu'enrichir notre vision.

De même, **Claire Diao** analyse des films qui interrogent l'entourage familial pour s'ouvrir à une histoire plus vaste. L'entreprise prend une dimension métafilmique quand elle dénonce les vécus dénaturés par les écrans et fait un lien direct avec les voyages inverses entrepris par rapport aux migrations des parents (de la France à l'Afrique). En traversant les frontières, les films de la double vague dépassent la barrière linguistique du français, en quête de transmission et de reprise de la parole et de langue au sens propre.

Sheila Petty, quant à elle, propose à travers l'analyse du film *Terre Mère* (Louiza Benrezzak, 2015) une réflexion qui se place entre la vie et la mort et aborde la notion de traversée spatio-temporelle et la reprise nécessaire du passé pour comprendre le présent, jusque dans l'esthétique de la représentation du retour. Ces traversées spatio-temporelles mettent en scène des itinérances, des interstices, des carrefours et des croisements qui semblent constituer aujourd'hui l'ADN des cinémas diasporiques.

En s'intéressant à Raoul Peck, *Haïtien*, et à son œuvre africaine américaine, **Beatriz Leal Riesco** démontre une capacité du cinéma à naviguer entre les disciplines, les espaces, les genres (docu/fiction) pour analyser un contexte social à partir d'une expérience très personnelle.

Frontières et traversées s'imposent comme un prisme pour aborder les cinématographies africaines contemporaines. Souvent rassemblés sous une dénomination faussement monolithique, les cinémas d'Afrique témoignent d'une grande variété de thèmes et de formes, dans une dynamique de perpétuelle évolution.

Ainsi, **Alessandro Jedlowski** s'intéresse aux vidéos nigérianes stratégiquement produites par la diaspora à la fois en marge et en émulation de Nollywood, nourries par des rêves de réussite dans un espace intermédiaire entre les productions européennes et nigérianes.

La traversée peut également devenir parcours heuristique, quête et découverte par le voyage, comme le montre **Daniela Ricci** à travers l'analyse de *Kinshasa Palace* (Zeka Laplaine, 2006).

Cette publication dirige nos projecteurs académiques vers un pan trop souvent oublié de l'histoire du cinéma, celui des populations africaines, de ses diasporas et de ses formes filmiques, autant de productions qui ouvrent des horizons internationaux en diffusant la connaissance de films passés sous silence, qui proposent des clés de compréhension de la société contemporaine et de ses complexités. Nous souhaitons ainsi contribuer à éveiller la curiosité du monde universitaire et du grand public, non seulement en prenant en considération des œuvres marginalisées par l'historiographie conventionnelle, mais en révélant leur saisissante inventivité formelle, leurs perspectives rares et leurs styles narratifs façonnés pour exprimer leur condition. Par ces textes, nous espérons partager la manière dont ces films et ces démarches nous interpellent, nous surprennent et nous invitent à diversifier nos perceptions du réel, lui-même pluriel.

Anne Crémieux
Gilles Remillet
Daniela Ricci
Melissa Thackway

BIBLIOGRAPHIE

Barlet Olivier, 2008, « Africamania 50 ans de cinéma africain à la Cinémathèque française », 2008, p. 8, <africultures.com/les-cinq-decennies-des-cinemas-dafrique-7304/>, consulté le 1er avril 2018.

Diao Claire, 2017, *Double vague. Le nouveau souffle du cinéma français*, Paris, Au Diable Vauvert.

Gabriel Teshome, 1988, « Thoughts on Nomadic Aesthetics and The Black Independent Cinema: Traces of a Journey », in Mbye B. Cham, Claire Andrade-Watkins (dir.), *Blackframes: Critical Perspectives on Black Independent Cinema*, Cambridge MA The MIT Press, p. 62-79.

Haraway Donna, 2009, *Des singes, des cyborgs et des femmes. La réinvention de la nature*. Paris, Jacqueline Chambon.

Naficy Hamid, 2001, *An Accented Cinema: Exilic and Diasporic Filmmaking*, Princeton, Princeton University Press.

DÉPASSER LES LIMITES

Frontières, circulations et identités dans les cinémas d'Afrique et de sa diaspora[1]

> La première chose que l'indigène apprend, c'est de rester à sa place, à ne pas dépasser les limites. C'est pourquoi les rêves de l'indigène sont… des rêves d'action… Je rêve que je saute, que je nage, que je cours… que je franchis le fleuve d'une enjambée…
> Frantz FANON[2]

Les frontières, les lignes, les limites – qu'elles soient géographiques, imaginaires, visibles ou invisibles – traversent les cinémas d'Afrique et de sa diaspora avec une constance saisissante, au point d'en devenir un leitmotiv. Dès les premières œuvres des pionniers Paulin S. Vieyra (*Afrique-sur-Seine*, 1955) et Ousmane Sembène (*Borom Sarret*, 1962), les personnages filmiques traversent, ou sont refoulés à des frontières et / ou par les lignes indicibles, invisibles mais non moins réelles qui compartimentent la ville coloniale ou postcoloniale.

Dans le contexte actuel de la mondialisation, les discours de libre circulation se heurtent à la réalité des contrôles aux frontières toujours plus hostiles et aux murs destinés à empêcher la circulation de certaines populations, dans ce qu'Achille Mbembe appelle « une course vers la séparation et la *déliaison*[3] ». De nombreux films d'Afrique questionnent

1 La version intégrale de cet article intitulée « Crossing Lines: frontiers, circulations and identity in contemporary African and diaspora film », était commanditée et publiée dans Thackway Melissa, *Companion to African Cinema*, Kenneth W. Harrow & Carmela Garritano. Malden (MA), Wiley Blackwell, 2018.

2 Fanon, Frantz, *Les Damnés de la terre*, Paris, Gallimard, [1961] 1991, p. 82.

3 Mbembe, Achille, *Politiques de l'inimitié*, Paris, La Découverte, 2016, p. 8.

et incarnent la frontière et ses corollaires : l'itinérance, la migration, les circulations et la (dé)territorialité. Tout en mettant en scène des voyages, des traversées, et des exils concrets et tangibles, ces trajectoires filmiques symbolisent une quête : la quête identitaire et / ou la quête d'appartenance et de compréhension de sa place dans la famille, la communauté, dans le monde.

Si le thème de la traversée et l'exploration concomitante de la frontière sont prévalents dans les cinémas d'Afrique dès leurs origines, les œuvres transnationales contemporaines citées dans cet article – *Vacances au pays* de Jean-Marie Teno (Cameroun, 2000), *The Nine Muses* de John Akomrah (Royaume-Uni, 2010), *Mille Soleils* de Mati Diop (France / Sénégal, 2013) – se démarquent aussi de par leurs explorations et traversées formelles et esthétiques. Totalement hétérogènes en termes d'intention ou de stratèges filmiques, ces trois films ne forment ni vague, ni mouvance, ni ne manifestent des liens de parenté cinématographique particuliers. Toutefois, à travers leurs écritures spécifiques et différenciées, ils abordent, chacun à leur manière, des thèmes communs et partageant des traits filmiques. Autoréflexifs et souvent expérimentaux, ces œuvres, tout comme leurs réalisateurs et réalisatrices dont les appartenances et les vécus diasporiques sont multiples, dépassent les lignes catégorielles. Tous sont à l'intersection des genres et mélangent plusieurs formes : documentaire (souvent à la première personne), (auto)fiction, film d'art, film expérimental. En traversant les frontières filmiques et les lignes spatio-temporelles d'histoires à la fois personnelles et collectives, pour réinventer les filiations et les généalogies, ces films interrogent la mémoire et les identités. Les identités sont comprises ici, bien entendu, selon la définition de Stuart Hall, non pas comme « une essence figée », mais comme « un *positionnement*[4] ». Dans un monde mouvant, ils cherchent ainsi des « points d'identification[5] » entre le local et le global, entre flux et reflux, entre l'enracinement des filiations et la liberté d'aller dans le monde et de forger de nouvelles appartenances.

4 Hall, Stuart, « Cultural Identity and Diaspora », *Identity: Community, Culture, Difference*, Jonathan Rutherford (dir.), London Lawrence & Wishart, [1989] 1993, p. 226. Sauf indication contraire, les traductions sont de l'auteure.

5 *Ibid.*, p. 237.

LA FRONTIÈRE

Mais avant de parler des films eux-mêmes, s'imposent quelques réflexions sur la notion de frontière dans le contexte africain et diasporique, et sur ce que ces frontières cherchent à réguler ou à contrôler : le mouvement. Les discours racialisants européens du XVIIIe et du XIXe siècles, qui construisent une hiérarchie de races pour légitimer la traite transatlantique, l'impérialisme et la colonisation, ont dépeint le continent africain comme immobile et déconnecté du monde. Hegel déclara, par exemple : « L'Afrique, aussi loin que remonte l'histoire, est restée fermée, sans lien avec le reste du monde ; [...] Elle ne montre ni mouvement, ni développement[6] ». Or, comme l'indique Achille Mbembe, c'est précisément l'entreprise coloniale européenne qui limite et contrôle le mouvement en Afrique : « L'histoire précoloniale des sociétés africaines fut, de bout en bout, une histoire de gens sans cesse en mouvement à travers l'ensemble du continent... L'histoire culturelle du continent ne se comprend guère hors du paradigme de l'itinérance, de la mobilité et du déplacement. C'est d'ailleurs cette culture de la mobilité que la colonisation s'efforça, en son temps, de figer à travers l'institution moderne de la frontière[7] ».

Ainsi, la récurrence des questions de mouvement dans les récits filmiques africains peut être considérée non seulement comme le reflet de réalités diasporiques et de la question de la liberté de circulation inter ou extra-africaine, mais aussi, sciemment ou non, comme un rejet des assignations d'un imaginaire colonial longtemps imposé et qui perdure encore aujourd'hui. Grâce aux découvertes paléo-anthropologiques, nous savons aujourd'hui que l'humanité s'est répandue, à partir de son berceau africain, vers l'Asie, l'Europe et au-delà, ce qui implique nécessairement une très longue histoire de migration et de mouvement, un mouvement dont attestent aussi les très anciens échanges commerciaux entre l'Afrique et Asie, *via* la route de la soie dès 500 ans

---

6 Hegel, G.W.F., *La Raison dans l'Histoire*, Paris, Éditions 10/18, [1822-1830] 1965, <www.monde-diplomatique.fr/2007/11/HEGEL/15275>, consulté le 9 février 2018.

7 Mbembe, Achille, *Sortir de la grande nuit : Essai sur l'Afrique décolonisée*, Paris, La Découverte, 2013, p. 227.

av. J.-C., les échanges religieux (la christianisation de l'Éthiopie dès le Ier siècle, ou l'islamisation de l'Afrique subsaharienne dès le VIIIe siècle), ou ses échanges culturels et intellectuels (Tombouctou est un centre de savoirs islamiques internationalement reconnu aux XIV et XVe siècles), pour ne mentionner que quelques exemples. Tout comme l'histoire du continent, les cinémas africains et diasporiques postcoloniaux sont faits de circulations. Ce sont des cinémas « nomades », pour reprendre le terme de Teshome Gabriel (1988), qui tracent et « rendent visibles d'autres cartographies[8] ».

Après les premiers films de fiction des années 1960 et 1970 qui dépeignent surtout les conditions hostiles auxquelles sont confrontés les immigrés africains en Europe (*La Noire de...* d'Ousmane Sembène, 1966 ; *Soleil Ô* de Med Hondo, 1969 ; *Nationalité Immigré* de Sydney Sokhana, 1975), ou explorent l'appel d'un Eldorado européen (*Touki Bouki* de Djibril Diop Mambety, 1973), la représentation des migrations et des traversées dans les films plus récents tendent à diversifier, à complexifier et surtout à subjectiviser les expériences. Reflétant les flux et les reflux antinomiques qui caractérisent notre présent mondial, les cinéastes contemporains affirment dans leurs œuvres une fluidité, une traversée des limites, un va-et-vient, des allers-retours – en somme, une liberté de circulation – même si, dans le même temps, leurs œuvres témoignent d'un désir d'enracinement, d'une trace, tant elles sont marquées par les questions de filiations, de généalogie et d'histoires familiales. Les récits filmiques sont en effet ancrés dans des vécus personnels, voire autobiographiques, tandis que les réalisateurs et réalisatrices assument une voix ou un point de vue subjectif et / ou traversent l'image pour apparaître à l'écran. Par ailleurs, les multiples voyages, départs et retours (im)possibles deviennent, dans ces films, des quêtes de soi et l'affirmation d'une présence africaine au monde, une présence polymorphe et mouvante. Suite aux assignations identitaires et au déni de subjectivité propres au processus colonial, face à une colonialité de pouvoir qui continue à marginaliser et à invisibiliser cette présence africaine, revendiquer le personnel, le subjectif, la liberté de circuler et de définir des identités fluides et plurielles est éminemment politique. Achille Mbembe affirme : « Devenir-homme-dans-le-monde

8 Verges, Françoise, « The Invention of an African Fabric », SMBA Newsletter 130, *Hollandaise*, 2012 <www.smba.nl/en/newsletters/n-130-hollandaise>, consulté le 23 mai 2016.

n'est ni une question de naissance ni une question d'origine ou de race. C'est une affaire de trajet, de circulation et de transfiguration[9] ». Les films évoqués ici sont en effet des œuvres « de trajet, de circulation et de transfiguration ». Leurs formes filmiques et leurs questionnements restent ouverts, à l'image des plans finaux sur des trains en marche ou des personnages qui s'éloignent en voiture ou à pied : l'accent est ainsi mis sur la continuation de ces voyages, de ces trajectoires de vie, sur la liberté de continuer à se mouvoir.

TRAVERSÉES DIÉGÉTIQUES

Dans chacun des trois films étudiés ici, le cinéaste est incarné à l'écran, soit *via* une présence personnelle dans le récit, soit sous forme de *persona* filmique. Cette traversée de la ligne filmeur / filmé fait partie de ce devenir-personne-dans-le-monde que représente chacun des films et des voyages qu'ils mettent en scène. Jean-Marie Teno, par exemple, dans tous ses films documentaires depuis *Afrique, je te plumerai* en 1992 jusqu'à son plus récent *Chosen (Le Futur dans le rétro*, 2017), traverse cette ligne par sa voix *off* à la première personne, devenue un trait marquant qui définit son écriture filmique. La « voix-je » de Teno, pour emprunter l'expression de Michel Chion[10], rejette la traditionnelle voix narrative documentaire omnisciente et prétendument objective – la voix de l'autorité, de surcroît masculine – et s'engage directement avec l'espace et le sujet du film de sorte que la voix « compromet avec l'image, dans un rapport vivant et dramatique[11] ». En parlant à la première personne, en s'adressant directement aux spectateurs, en personnalisant ce qu'il filme, Teno annonce clairement sa « position d'énonciation[12] », prend position vis-à-vis de son sujet et affiche ainsi une présence dans le film.

9 Mbembe, Achille, *Politiques de l'inimitié*, Paris, La Découverte, 2016, p. 176.

10 Voir « Sur la voix-je », chapitre 3 de CHION, Michel, *La Voix au cinéma*, Paris, Éditions de l'Étoile / Cahiers du cinéma, 1982, p. 53-62.

11 Chion, Michel, *ibid.*, p. 54.

12 Hall, Stuart, « Cultural Identity and Diaspora », *Identity: Community, Culture, Difference*, Jonathan Rutherford (dir.), London, Lawrence & Wishart, [1989] 1993, p. 222.

Dans *The Nine Muses*, John Akomfrah apparaît comme une figure quasi spectrale : il est présent à l'écran, mais délibérément anonyme. C'est uniquement lors du générique de fin que nous apprenons qu'il était un des personnages solitaires, dont nous ne voyons jamais le visage, vêtu d'une parka bleue ou jaune éclatant, qui parsèment le paysage enneigé, désert et monochrome d'Alaska. Sa présence à l'écran n'est pas personnalisée ; l'histoire de la famille d'Akomfrah est une histoire d'exil, mais c'est une histoire qu'il partage avec de nombreux autres membres de la diaspora et Akomfrah situe ainsi son vécu personnel au sein de ce vécu collectif.

Mati Diop, enfin, revisite la généalogie familiale ; la question de la filiation est au cœur de *Mille soleils*. Diop ne figure pas à l'écran et n'est pas incarnée par une voix *off* à la première personne. Or son implication dans le film est implicite, puisqu'elle aborde et son histoire familiale, et son lien inextricable avec l'histoire du cinéma sénégalais. S'attaquant à l'héritage imposant de son feu oncle, Djibril Diop Mambety et de son film culte *Touki Bouki*, Mati Diop prolonge, quarante années plus tard, la trajectoire des protagonistes fictifs de Mambety. Elle se positionne ainsi vis-à-vis de cette histoire cinématographique et de son propre héritage franco-sénégalais et aborde la question de la transmission cinématographique entre oncle et nièce. Diop décrit en effet son film comme « une sorte de lettre, une conversation invisible avec mon oncle », et comme une manière de « regarder *Touki Bouki* en face[13] ».

VOYAGES RÉELS, TRAJECTOIRES SYMBOLIQUES

De la même manière que ces trois cinéastes circulent de différentes manières dans la diégèse de leurs films, les voyages font partie de chaque récit filmique, constituant un thème du film et servant à structurer la narration. Ce sont le plus souvent des voyages réels, en voiture, en train, en bateau, à pied, mais ce sont aussi des voyages dans le temps, dans la mémoire, dans l'histoire, ou encore des quêtes de sens et / ou

13 Notes prises lors d'une conversation publique entre Mati Diop et le critique Olivier Barlet, Festival des films d'Afrique en pays d'Apt, novembre 2013.

de construction d'identités individuelles et collectives. En effet, de par ces voyages concrets et symboliques, il s'agit autant de « devenir » que de « retourner » quelque part[14].

Vacances au pays (2000) s'ouvre sur le retour de Jean-Marie Teno à Yaoundé, où il a grandi. Après avoir visité le prestigieux lycée Général Leclerc, son ancien établissement, qu'il retrouve dans un état de délabrement, Teno retrace le chemin qui mène à son ancien quartier, devenu un cimetière de vieilles voitures et de pièces détachées, avant d'embarquer pour Bandjoun, le village de ses grands-parents qu'il visitait une fois par an durant les vacances scolaires. Devant les promesses non tenues de modernité que sa caméra dévoile dans la ville, Teno annonce en voix *off* qu'il veut voir ce qu'est devenu le village qui, lorsqu'il était jeune, « symbolisait l'archaïsme que nous devions rejeter pour espérer un jour devenir modernes ».

Jadis un voyage qui prenait deux jours, désormais un trajet d'environ quatre heures, selon le nombre de barrages policiers officiels et officieux, Teno nous embarque dans un *road-trip* qui confrontera ses « certitudes et [ses] espérances d'hier aux réalités du présent ». Si le voyage retour nous est présenté à travers le regard de Teno, nous effectuons aussi ce même voyage puisque la caméra, qui filme de longs pans du trajet de l'intérieur de la voiture en marche, nous positionne à l'intérieur du véhicule. En voix *off*, Teno partage, comme à l'accoutumée, son point de vue subjectif : sa voix commente et interprète ce que nous voyons, nous guidant comme un vieil ami ; ses réflexions souvent ironiques créent un sentiment de complicité, tel une boutade partagée entre compagnons de voyage.

Au cours de ce voyage réel, filmé en de longues séquences, Teno s'arrête à plusieurs reprises et sa caméra observatrice capte des scènes quotidiennes qui se connectent et se relient au fur et à mesure de l'avancement du voyage. Prises à la fois comme un ensemble et en juxtaposition avec les commentaires et questionnements incisifs en *off*, ces scènes captent toute la complexité, les contradictions et parfois l'absurdité de la vie camerounaise contemporaine, le vide des promesses et des slogans des hommes politiques pompeux et incompétents, leur incapacité à fournir les services les plus fondamentaux comme l'accès à l'eau, les impasses

14 Hall, Stuart, *Cultural Identity and Diaspora, Identity: Community, Culture, Difference*, *op. cit.*, p. 232.

d'une modernité exogène imposée de manière non réfléchie, au lieu de privilégier une modernité locale endogène. Petit à petit, le voyage de Teno devient ainsi un état des lieux du pays en général et une quête pour comprendre comment le Cameroun en est arrivé là.

Le long du voyage, la voix *off* de Teno mêle des souvenirs d'enfance autobiographiques aux images documentaires du présent. Ainsi, le film devient également un voyage mémoriel, une sorte de *Cahier du retour au pays natal*, pour reprendre le titre de Césaire. De retour au Cameroun, de retour au village, Teno est un étranger de l'intérieur, à la fois intimement lié à son sujet filmique et membre de la communauté qu'il filme avec attention, mais nanti de la distance critique de celles et ceux qui sont partis ailleurs. Cette expérience rappelle celle d'Aïssa Djebar qui, au sujet de ses écrits sur l'Algérie produits en exil, parla de son « proche éloignement » et de « déambuler dans un territoire où passé et présent se répondent[15]... ». En allant en *vacances au pays*, Teno (re)connecte passé et présent, espaces urbains et ruraux, espoirs et réalités, illusions et désillusions, cherchant, comme souvent dans ses films, à effectuer un retour qui aidera à mieux analyser et à comprendre le présent.

À travers ce voyage filmique, Teno pointe aussi une rupture dans la transmission générationnelle que créent la colonisation, son imposition d'une modernité occidentale, et son dénigrement des croyances et pratiques ancestrales locales. L'éducation que reçoivent Teno et sa génération à Yaoundé, dans un système scolaire toujours calqué sur le modèle français, leur apprend, nous dit Teno, à mépriser leurs aînés et leurs valeurs dites archaïques. Or, lorsque Teno rend visite à un vieil homme du village à son arrivée, il place sa caméra respectueusement à la hauteur de celui-ci, assis sur un tabouret bas. L'ancien s'adresse directement à la caméra de Teno en soulignant l'importance du lien intergénérationnel : « Si quelqu'un laisse des enfants derrière lui, on ne dira pas qu'il est mort, mais qu'il s'est seulement absenté. » L'ancien pointe cependant cette rupture dans la transmission, cette barrière créée entre lui et les plus jeunes générations : « Imagine que mon grand-père à moi, notre ancêtre qui n'est plus de ce monde... S'il réapparaissait aujourd'hui, sans moi, le reconnaîtrais-tu ? Non ». Son message est clair :

---

15 Djebar, Assia, *Idiome de l'exil et langue de l'irréductibilité*, Discours d'acceptation du « Prix pour la Paix », German Publishers and Bookstores, 2000, <remue.net/spip.php?article683>, consulté le 23 mai 2016.

les jeunes générations ne connaissent pas leur généalogie, leur éducation les a coupés de leurs racines.

Dans la séquence qui suit, la caméra effectue un panoramique lent dans la concession familiale de Teno, ce qui confère une qualité éthérée à la scène, accentuée par l'ambiance mystérieuse et le sentiment de suspense que créent les notes éparses de violoncelle et de balafon. En *off*, Teno livre ce qui est certainement son commentaire le plus intime et autobiographique de tous ses films :

> C'est dans cette cour que j'ai vu pour la première fois mon grand-père parler à un arbre, pour le remercier d'avoir guidé mes pas vers la maison familiale. Quelques années plus tard, je me souviens de ma gêne quand on me laissa seul dans une pièce avec dans un coin, une calebasse percée dans laquelle on avait mis de l'huile de palme, pour nourrir mon grand-père décédé quelques années auparavant et dont le crâne était enterré là. Je devais lui parler, lui demander sa bénédiction avant le voyage vers l'Europe. J'étais resté là sans voix pendant un moment, et finalement, dans un murmure, je lui avais demandé de me permettre de faire le tour du monde. J'imagine que là où il était, mon grand-père en avait souri, car lui aussi aimait voyager. Dehors, la pluie s'est mise à tomber.

Teno évoque ainsi son malaise d'antan, confronté à un système de croyances et de pratiques que l'école lui a appris à mépriser et à rejeter. Selon cette philosophie ancestrale, les mondes des vivants et des morts s'interpénètrent, l'invisible est omniprésent, il y a un flux, une connexion, une mobilité entre ces deux mondes que l'éducation cartésienne sépare. Ces *vacances au pays* symbolisent ainsi une quête, un désir de se reconnecter avec cette pensée et cette partie refoulée de son identité, à rétablir les continuités et les filiations, en dépassant les barrières et en retissant les liens brisés avec les ancêtres, leurs croyances et leurs valeurs. Cela est par ailleurs renforcé par la très longue séquence filmée du Congrès de développement annuel à Bandjoun, créé dans les années 1970 pour maintenir des liens entre ceux et celles qui sont parties et ceux et celles qui sont restées, pour atténuer les divisions créées par l'exode rural et les migrations à l'étranger. Autrefois un vrai moment d'échange, de partage et de démocratie locale, Teno révèle la manière dont le Congrès est désormais vidé de son sens, devenu une vaste fête sponsorisée par les compagnies de bière. L'expérience d'acculturation que vit personnellement Teno et sa quête de réconciliation de ces systèmes de croyances divergents peuvent être ainsi comprises comme une métaphore du Cameroun postcolonial ; l'expérience personnelle de Teno reflète le collectif, son « je » prenant la valeur d'un « nous ».

Sur les derniers mots de la voix *off* de Teno prononcée dans la concession familiale, la caméra panote jusqu'à s'arrêter sur le chemin qui longe la concession avant de disparaître au loin. La palissade de chaque côté du chemin crée une ligne de fuite au sens propre et figuré, dirigeant notre regard vers l'horizon, comme pour nous inviter au voyage.

Nous imaginons le jeune Teno s'engager sur ce chemin, en partance pour l'Europe. Il n'est certainement pas anodin que le même plan se trouve dans son premier court-métrage, *Hommage* (1985), qui évoque aussi le départ du personnage principal fictif, avatar du père du réalisateur, comme nous l'apprenons uniquement à la fin du film. Le départ de Teno rappelle ainsi l'amour du voyage du grand-père évoqué en voix *off* et le départ réel de son propre père. Une sorte de transmission s'établit : de père en fils et à travers des fils qui maillent et connecte les différents films de Teno dans une sorte d'affiliation cinématographique qui fait œuvre.

The Nine Muses de John Akomfrah (2010), poème visuel polyphonique et intertextuel, nous emmène dans un voyage dans le passé, au moment de l'arrivée, en Grande-Bretagne de l'après-guerre, d'immigrés caribéens, africains et sud-asiatiques. Ce voyage filmique fait écho à leurs voyages jusqu'en Grande-Bretagne et le film entier est placé sous le signe du mouvement. Durant tout le film, se répètent inlassablement des images de bateaux, de trains, de voitures, de gens en marche, un mouvement auquel font écho les très fréquents *travellings* du film ; rien n'est fixe, donc, et notamment les personnes.

Puisant dans les archives de la BBC des années 1950 à 1970, Akomfrah tisse des bulletins d'information, des reportages, des discours politiques et des films de fiction de l'époque – des images majoritairement en noir et blanc, pleines de grain –, avec des images digitales d'une netteté tranchante, montrant une figure dans un paysage portuaire britannique contemporain et des figures anonymes, solitaires, dans un paysage enneigé d'Alaska. Ensemble, les images d'archives retracent un voyage : celui de l'arrivée de navires qui s'arriment, du débarquement des passagers caribéens et africains. Elles retracent également leurs rudes conditions de vie et de travail, leurs désillusions et leurs inquiétudes, le racisme et les discriminations auxquelles ils font face, enfin l'enracinement graduel des communautés noires et sud-asiatiques dans une Grande-Bretagne austère, au climat impitoyable.

Ces images passées et présentes se superposent à des témoignages en *off*, également tirés d'archives, où des immigrés racontent leur vécu. Ces paroles sont juxtaposées à des discours politiques anti-immigrés de l'époque ainsi qu'à la lecture et la citation en intertitres de nombreux textes littéraires canoniques, dont les sources sont référencées dans le générique de fin : Homer, Beckett, Dylan Thomas, Nietzsche, Joyce, Shakespeare, John Milton, E.E. Cummings, T.S. Eliot, Emily Dickinson, Dante, l'Ancien Testament... À travers cette myriade de citations polyphoniques qui – et c'est là l'essentiel – évoquent toutes la traversée et les expériences exiliques de la solitude, du déracinement, de la nostalgie, de la perte et des retrouvailles, de son chez-soi et de son soi, Akomfrah ajoutent des strates de sens aux images, telle une improvisation musicale autour d'un thème. L'exil dans les textes prend surtout une dimension mythique. En juxtaposant des extraits du *Paradis perdu* de Milton qui évoquent la chute d'Adam et Ève et leur exclusion du jardin d'Éden, ou de *L'Odyssée d'Homère* narrant le voyage épique de Télémaque – un rite de passage, une quête – avec ces images d'archives, Akomfrah redéfinit les populations migrantes du XXe siècle en héros épiques et rappelle que la migration est au cœur de l'existence humaine depuis la nuit des temps.

Le montage dentelé, entrelacé, souvent circulaire, instaure des associations et des résonances entre images, sons et textes, reliant les couches multiples du film, de ses périodes et de ses lieux, traversant les lignes spatio-temporelles. Les paysages britanniques froids et enneigés des archives font écho et contrastent néanmoins avec ceux, contemporains, d'Alaska. Le plan d'une figure solitaire marchant au ralenti vers la caméra, dans un Alaska désert, se juxtapose directement, comme dans un même mouvement, avec la marche au ralenti sous la neige de passants qui avancent également vers la caméra, mais cette fois dans une rue bondée britannique des années 1960. Un chasse-neige des années 1960 avance vers la caméra, traversant le cadre de haut en bas et de droite à gauche, suivi d'un plan en Alaska où un chasse-neige moderne s'éloigne dans un mouvement inversé, du bas vers le haut et de gauche à droite du cadre ; la voix *off* en continuité sur les deux plans lie les deux espaces-temps. Recadrées au présent, les images d'archives éclairent ainsi l'époque actuelle, le présent permet de nouvelles lectures du passé.

Des images contemporaines et anciennes de traversées maritimes, de navires et de ports se répètent tout le long du film. Les lectures en voix *off* de *L'Odyssée* font écho aux images d'archives de bateaux transportant des migrants qui s'arriment en Grande-Bretagne, ainsi qu'aux images contemporaines d'un bateau et de la mer, filmées en Alaska. L'accumulation de ces images d'archives d'un *Black Britain* souligne cette présence afro-caribéenne et sud-asiatique longtemps marginalisée et contrecarre l'exclusion de ces populations de l'historiographie nationale officielle. Akomfrah inscrit ainsi les populations diasporiques noires au cœur de l'identité britannique ; cette présence noire devient centrale, le sujet, et non plus l'objet de ces représentations. Le film explore non seulement des identités individuelles mais aussi l'identité changeante de la Grande-Bretagne, nous rappelant l'imbrication et le croisement des cultures. En évoquant sa réappropriation et sa réarticulation de ces archives d'une perspective diasporique, Akomfrah dit : « Lorsque vous êtes un sujet diasporique, l'archive revêt un caractère particulièrement poignant car elle est un des rares mémoriaux tangibles qui atteste de votre existence[16] ». Pour Akomfrah, *The Nine Muses* est indubitablement un espace permettant de « trouver des réponses à la question de pourquoi je suis là[17] », en rapport avec le présent et l'histoire de la diaspora afro-caribéenne. En dépassant les lignes qui cadrent la mémoire officielle du pays, en contestant l'amnésie collective sur ces questions, Akomfrah recontextualise les migrations de l'après-guerre et rappelle les raisons de cette présence en Grande-Bretagne. En comblant les absences du récit historique national, Akomfrah inscrit sa présence, en tant qu'individu et en tant que membre d'une communauté, dans l'histoire britannique. C'est un processus qui rappelle les paroles de bell hooks : « Voyager, aller dans le passé… [on] rassemble des fragments… Pour des personnes noires, reconstruire une archéologie de la mémoire rendre possible un retour[18] ». Pour Akomfrah, ce film est à la fois la reconnaissance d'une présence et un retour à l'existence.

Mille soleils de Mati Diop (2013) tisse également des trajectoires en toile. Née en France, fille du musicien Wasis Diop et nièce du légendaire

16 Dans *Chiasmus*, un entretien filmé (2012), en bonus du DVD de *The Nine Muses*.

17 *Ibid.*

18 hooks, bell, « Representations of Whiteness », *Black Looks: Race and Representation*, Boston MA, South End Press, 1992, p. 173.

cinéaste sénégalais, feu Djibril Diop Mambety, Mati Diop aborde dans son film cet héritage cinématographique familial sénégalais auquel elle se connecte. Il ne s'agit pas, pour Diop, de faire un film hagiographique sur son oncle cinéaste, ni un film *sur* son film culte, *Touki Bouki* ; il s'agit surtout de les évoquer par bribes, d'évoquer une trace afin de créer une nouvelle circulation, une nouvelle histoire ancrée dans le présent. L'important n'est donc pas de tout savoir de l'œuvre originale, mais plutôt de saisir les fils, les impressions que Diop tisse *à partir de* cet œuvre. Ainsi, *Mille soleils* franchit les lignes entre fiction et réel, entre documentaire et film expérimental, reliant passé et présent et abordant les divisions et / ou les liens entre les générations. En voyage à Dakar, Diop retrouve la trace de l'acteur Magaye Niang, une quarantaine d'années après qu'il ait incarné le personnage du marginal Mory dans *Touki Bouki*. Tout comme Mory, le personnage du film, Niang n'a pas quitté Dakar, tandis que Myriam Niang, l'actrice qui joue le rôle d'Anta dans *Touki Bouki*, est partie, tout comme son personnage. Les chemins opposés des deux acteurs et des deux personnages rappellent l'effet narratif des parcours en miroir fréquents dans la littérature orale ouest-africaine, tandis que les trajectoires réelles des deux acteurs prolongent celles des personnages qu'ils incarnent. Dans *Mille soleils*, la confusion entre les acteurs et leur personnage, leur vie réelle et leur rôle, surgit, s'estompe et surgit à nouveau. Dès la séquence d'ouverture, Magaye Niange, comme le personnage Mory, conduit un troupeau à l'abattoir.

Mati Diop, tout comme son oncle, filme les intérieurs éclaboussés de sang ; mais à l'inverse de Mambety qui filme la majesté tragique des zébus abattus, Mati Diop filme les gestes chorégraphiques des hommes qui, tels des lutteurs de *lamb* – la très populaire lutte sénégalaise –, sont pris dans un corps-à-corps avec les animaux. Bien que sans cesse revisitant et faisant référence au classique *Touki Bouki*, le film de Mati Diop se démarque pour se situer résolument dans le présent, créant un va-et-vient temporel. Si les premiers plans du désormais âgé Magayé Niang résonnent avec les premiers plans de *Touki Bouki*, Niang et son troupeau sont clairement cadrés dans le Dakar actuel, engloutis par l'agitation citadine.

Niang, l'attachant habitué des bars des bas-fonds, vit toujours la vie dissolue du jeune personnage de Mory. *Mille soleils* suit la longue marche incertaine et désarticulée de cette silhouette dégingandée qui part de sa maison dans les faubourgs et traverse le *no man's land* des terrains vagues pour aller en centre-ville. Là, le réalisateur Ben Diogaye Baye, le plasticien et acteur Joe Ouakam, et Wasis Diop – tous proches et collaborateurs de Djibril Diop Mambety – l'attendent anxieusement. Ils ne sont pourtant pas sûrs que Niang va se manifester à la projection en plein air de *Touki Bouki*, organisée et filmée par Mati Diop pour que le public d'aujourd'hui rencontre le film classique d'antan. De même que *Touki Bouki* suit les circulations dakaroises de Mory et Anta, la caméra suit le voyage de Niang. épousant ses grandes enjambées, les longs et lents panoramiques l'inscrivent dans les paysages qu'il traverse. La séquence du taxi qui emmène Niang pour une partie de son voyage – et dont le chauffeur est joué par le célèbre chanteur de rap Djily Bagdad, bien connu du public sénégalais, membre du mouvement de jeunesse contestataire *Y'en a marre* qui contribua à évincer le Président Abdoulaye Wade en 2012 – donne lieu à un débat entre le jeune chauffeur et son aîné sur les actions et les responsabilités de leurs générations respectives. Dès qu'il monte dans le véhicule, Niang se plaint que la musique hip-hop qui passe dans le taxi lui « casse les oreilles », exprimant d'emblée une division générationnelle classique. Filmés de face, passager et chauffeur s'assoient devant, côte à côte, mais ostensiblement et symboliquement séparés par une grande chaîne dorée suspendue au rétroviseur du taxi. Le jeune homme accuse la génération de Niang de ne pas avoir agi, de s'être perdue, d'avoir été appâtée et détournée par le matérialisme et par l'Occident : « Vous avez fui. Nous ne quitterons pas le navire ! » En quarante ans, le comportement et la pensée des jeunes ont, bien entendu, changé ; rien de surprenant à ce que les générations aient leurs divergences. Or, physiquement proches dans l'espace confiné de la voiture, cadrés ensemble, Mati Diop les rapprochent dans un dialogue-confrontation. La séquence est d'ailleurs mise en scène, fictionnalisée, mais la discussion entre les deux hommes est réelle, improvisée ; à d'autres moments, les dialogues sont fictionnalisés, écrits, mais se déroulent dans des cadres réels, documentaires. La fiction de *Touki Bouki* fait coïncider et s'entrelacer des fragments de vie réelle contemporaine et les séquences imaginées par la réalisatrice.

Le franchissement de la frontière entre fiction et documentaire, passé et présent, entre le personnage Mory et l'acteur Niang, s'intensifie au fur et à mesure que le film progresse. Il y a également des résonances grandissantes entre les thèmes de *Touki Bouki* – le rêve d'un ailleurs et la question du départ – et de *Mille soleils*. Niang finit par arriver très en retard à la projection en plein air de *Touki Bouki*, au moment où le film se termine. La caméra de Mati Diop effectue un *travelling* latéral de gauche à droite, filmant Niang de profil tandis qu'il avance vers l'écran ; sur l'écran, la caméra de Diop Mambety effectue un *travelling* de droit à gauche, filmant Mory de profil tandis qu'il court sur le quai, s'éloignant du bateau qui l'aurait emmené en France. Des gros plans des spectateurs du quartier, on passe à un gros plan du visage de Mory sur l'écran, à un gros plan de Niang, médusé, en train de se regarder. Niang dit aux enfants à côté de lui qu'il est le jeune homme à l'écran, mais les enfants se moquent : « Réveillez-vous ! Vous rêvez, ce n'est pas vous !... N'importe quoi ! Vous, vous avez les cheveux blancs ! ». Imperméable à leur incrédulité, le schisme entre le réel et la fiction ne semble pas exister dans l'esprit de Niang. La voix des enfants s'estompe tandis que Niang est totalement absorbé, comme nous le sommes aussi, par les derniers plans de *Touki Bouki* montrant le départ du bateau, l'*Ancerville*, sans Mory. Les images de Mambety remplissent désormais l'écran de Mati Diop, la mélancolie de la musique de fin de *Touki Bouki* envahissant aussi le moment présent.

Après la projection, Niang se dispute avec Diogaye Baye et Ouakam qui lui reprochent d'avoir gaspillé son talent et l'opportunité que Diop Mambety lui avait offerte, arguant qu'il aurait dû quitter aussi le Sénégal : « *Touki* veut dire voyager et toi tu fais du sur place ! ». Niang part seul dans la nuit et la caméra part avec lui. Nous le retrouvons, échoué dans une boîte de nuit vide au petit matin en train de raconter à deux jeunes femmes son « histoire avec Anta, [son] premier amour ». Sur de longues images d'une femme qui balaie la piste de danse, Niang raconte en *off* l'histoire de *Touki Bouki* comme si c'était la sienne : « Elle est partie. Je suis resté ». Niang termine en disant qu'il n'a plus jamais eu de ses nouvelles. Une des jeunes femmes, son visage éclairé uniquement par son téléphone portable – les téléphones symbolisant très souvent la communication et la connexion – lève la tête et s'adresse directement à la caméra : « Est-ce qu'elle est toujours en vie ? ». La réponse vient de manière oblique avec le plan suivant de la mer et des rives d'Alaska filmées depuis un bateau en marche (on pense à l'*Ancerville*). *Plaisirs d'amour* de Mado Robin, un des morceaux clés de *Touki Bouki*, fait le lien entre les deux mondes spatio-temporels et filmiques. Puis, à nouveau à Dakar, en plein jour, Niang entre dans un taxiphone et téléphone à Myriam Niang qui, nous l'apprenons de la conversation qui s'ensuit, est désormais agent de sécurité sur une plateforme pétrolière en Alaska. Dans les rouges et jaunes vifs du taxiphone, envahie des bruits de la ville dehors, la voix de Myriam Niang – jouée par une comédienne, mais le dialogue est basé sur une vraie conversation entre Myriam et Magaye Niang[19] – semble en effet venir d'un autre monde, leur lien distendu par le temps et par l'espace. Dans la rue, une figure mystérieuse sur une moto affublée de cornes de zébu, comme la moto de Mory dans *Touki Bouki*, son visage emmitouflé dans un turban rouge comme le personnage de Diop Mambety, fait vrombir l'engin en fixant Niang. Niang se revoit-il dans le film ? Les vrombissements de la moto continuent en transition sur un plan saccadé, mouvant, d'un paysage désert d'Alaska : une figure bleue contre du blanc, Niang avance péniblement dans la neige vers une caméra désormais fixe. La silhouette furtive d'une jeune femme noire nue apparaît et disparaît dans le brouillard (une apparition ? Un fantôme ? Le fruit de l'imagination de Magaye qui mélange le réel contemporain de l'Alaska et le souvenir de la jeune Anta ?). En *off*, la conversation téléphonique continue, abordant la question du retour (im)possible. Reprenant quelques lignes de la *Chambre de Giovanni* de James Baldwin comme si elles étaient ses propres paroles, Magaye Niang conclut : « Tu n'as pas de chez toi jusqu'à ce que tu t'en ailles. Et une fois parti, tu ne peux plus revenir ». La séquence se termine en gros plan sur le visage de Magaye Niang, de nouveau à Dakar, le regard perdu au loin, traversant à nouveau les lignes spatio-temporelles dans une imbrication du réel et de l'imaginaire. *Mille soleils* termine, encore une fois comme *Touki Bouki*, sur un retour au début du film : Niang s'éloigne avec son troupeau ; la boucle est bouclée, dans une circularité typique des quêtes initiatiques de la littérature orale.

---

19 Cette information communiquée lors d'une conversation publique entre Mati Diop et le critique Olivier Barlet, (*op. cit.*) ne transparaît nullement dans le film. Diop choisit, au contraire, de jouer encore ici, comme ailleurs, sur une illusion de véracité, brouillant à nouveau les pistes entre documentaire et fiction.

CONCLUSION

Les films présentés ici questionnent et embrassent de manière saisissante les filiations et les racines, en explorant et en revendiquant des mémoires et des identités à la fois personnelles et collectives. En même temps et dans un mouvement presque antinomique, ils s'envolent, voyagent, se lancent dans le monde, tout comme leurs personnages, refusant de rester à leur place, pour citer Fanon. Ce faisant, leurs cinéastes revendiquent une présence affirmée dans le monde. Franchissant des frontières en tout genre, dépassant les limites et les lignes (Fanon), ils refusent l'assignation à une place, un style, une identité ou à une catégorisation simple. Ce sont des films faits de résonances et de circulations, dans lesquels leurs réalisateurs / réalisatrices adoptent une incroyable liberté stylistique et thématique. Dans un moment présent frappé d'un regain de xénophobie, d'enfermement et de repli sur soi, ces cinéastes et leurs œuvres transcendent les frontières, affirmant dans un geste éminemment politique ce qu'Assia Djebar appela « la première des libertés, celle du mouvement, du déplacement, la surprenante possibilité de disposer de soi pour aller et venir[20] ». C'est donc un cinéma à la fois situé, enraciné, et résolument ouvert, un cinéma défiant toute contrainte. C'est, pour reprendre une dernière fois Fanon, un cinéma qui, « d'une enjambée », franchit les fleuves.

Melissa THACKWAY
Enseignante-chercheuse
en études cinématographiques,
INALCO / Sciences-Po Paris

20 Djebar, Assia, *Idiome de l'exil et langue de l'irréductibilité*, Discours d'acceptation du « Prix pour la Paix », German Publishers and Bookstores, 2000, <remue.net/spip.php?article683>, consulté le 23 mai 2016.

BIBLIOGRAPHIE

Chion Michel, 1982, *La Voix au cinéma*, Paris, Éditions de l'Étoile / Cahiers du Cinéma.

Djebar Assia, 2000, *Idiome de l'exil et langue de l'irréductibilité*, Discours d'acceptation du « Prix pour la Paix », German Publishers and Bookstores, <remue.net/spip.php?article683>, consulté le 23 mai 2016.

Fanon Frantz, [1961] 1991, *Les Damnés de la terre*, Paris, Gallimard.

Gabriel Teshome, 1988, « Thoughts on Nomadic Aesthetics and The Black Independent Cinema: Traces of a Journey », in Mbye B. Cham, Claire Andrade-Watkins (dir.), *Blackframes: Critical Perspectives on Black Independent Cinema*, Cambridge MA, The MIT Press, p. 62-79.

Hall Stuart [1989] 1993, « Cultural Identity and Diaspora », *Identity: Community, Culture, Difference*, Jonathan Rutherford (dir.), London, Lawrence & Wishart, p. 222-237.

Hegel G.W.F. [1822-1830] 1965, *La Raison dans l'Histoire*, Paris, Éditions 10/18, <www.monde-diplomatique.fr/2007/11/HEGEL/15275>, consulté le 9 février 2018.

hooks bell, 1992, « Representations of Whiteness », *Black Looks: Race and Representation*, Boston MA, South End Press, p. 165-178.

Mbembe Achille, 2013, *Sortir de la grande nuit : Essai sur l'Afrique décolonisée*, Paris, La Découverte.

Mbembe Achille, 2016, *Politiques de l'inimitié*, Paris, La Découverte.

Vergès Françoise, 2012, « The Invention of an African Fabric », SMBA Newsletter 130, *Hollandaise*, <www.smba.nl/en/newsletters/n-130-hollandaise>, consulté le 23 mai 2016.

FILMOGRAPHIE

Akomfrah John, 2010, *The Nine Muses*, Grande-Bretagne.
Diop Mati, 2013, *Mille Soleils*, France.
Diop Mambety Djibril, 1973, *Touki Bouki*, Sénégal.
Lawson David, 2012, *Chiasmus*, Grande-Bretagne.
Hondo Med, 1969, *Soleil Ô*, France.
Sembène Ousmane, 1962, *Borom Sarret*, Sénégal / France.

Sokhana Sydney, 1975, *Nationalité Immigré*, Mauritanie / France.
Teno Jean-Marie, 1985, *Hommage*, Cameroun.
Teno Jean-Marie, 1992, *Afrique, je te plumerai*, Cameroun.
Teno Jean-Marie, 2000, *Vacances au pays*, Cameroun.
Teno Jean-Marie, 2017, *Chosen / L'Élue*, Cameroun.
Vieyra Paulin, Sarr Mamadou, Groupe africain du cinéma, 1955, *Afrique-sur-Seine*, France.

LE CINÉMA RÉVOLUTIONNAIRE MOZAMBICAIN ET LE NOUVEAU CINÉMA LATINO-AMÉRICAIN

Vers une cartographie historique et esthétique du « cinéma de Libération »

> Emplacement n'est plus ici
> N'est plus là
> On a cessé d'en avoir, d'en vouloir
> MICHAUX, *Postures*.

L'histoire de la décolonisation et du processus révolutionnaire mozambicains est étroitement imbriquée avec l'histoire de l'image technique et de la modernité. Le cinéma, envisagé en tant que pratique culturelle, constitue un élément central du projet politique du Mozambique. Il condense un ensemble de paramètres associés à la modernité et fournit, en même temps, un modèle de représentation capable de penser les effets de la modernisation. Issu d'un processus de synthèse formelle, le cinéma révolutionnaire mozambicain (1966-1987)[1] – objet de recherche dont l'histoire est jalonnée d'œuvres perdues ou inaccessibles – constitue l'un des territoires du cinéma de Libération. La notion de « cinéma de libération » est employée par Octavio Getino et Fernando « Pino » Solanas dans leur manifeste *Hacia un tercer cine. Apuntes y experiencias para el desarrollo de un cine de liberación en el mundo* (1969) et donne son nom au collectif cinématographique Cine Liberación, créé en 1966 lors

1 Cette chronologie prend en compte les trois phases historiques du cinéma révolutionnaire mozambicain : le pré-cinéma de la guerre de Libération (1966-1974/1975) ; l'« esthétique de Libération » de l'Institut national de cinéma (INC), période qui s'étend de 1975-1976 à 1984 (tandis que l'Institut existe de 1976 à 2000) ; le Réalisme socialiste mozambicain (1984 / 1985-1987).

de la réalisation de *La Hora de los Hornos* (*L'heure des brasiers*, 1966-1968) au moment de la dictature de Juan Carlos Onganía (1966-1970) en Argentine. Cette notion méthodologique permet de réviser la catégorie de « cinéma national » (et, parallèlement, celle d'« histoire nationale ») – aussi bien que celle de « cinéma continental » (le cinéma africain et le cinéma latino-américain en tant que catégories générales) – et d'articuler différentes cinématographies séparées historiquement et géographiquement.

Le cinéma de Libération constitue la forme cinématographique par excellence des sociétés en cours de libération. Ces sociétés y projettent et y articulent leur propre vision du monde et de l'histoire. Il exprime un contenu – le rêve de libération – et les aspirations de toute une période historique. Dans ce cinéma, les images d'un avenir possible sont intégrées dans des récits qui s'écartent des points de vue narratif et formel de ceux produits par le discours et le cinéma dominants[2] en

2 Quand nous employons l'adjectif « dominant » pour caractériser le discours, l'idéologie et la praxis cinématographique auxquels le cinéma de Libération s'oppose, nous considérons la domination au sens large : domination politique, économique, culturelle, esthétique, morale, cognitive. La catégorie de « cinéma dominant » est utilisée par Getino et Solanas dans leur manifeste (Getino Octavio Solanas Fernando, « Hacia un tercer cine. Apuntes y experiencias para el desarrollo de un cine de liberación en el mundo », [1969] 2014, Cinefagos, conulté le 4 février 2018, p. 1-32). La notion de « cinéma dominant » suit la terminologie marxiste : Karl Marx et Friedrich Engels écrivent dans le *Manifeste du Parti communiste* (Marx Karl, Engels Friedrich, Manifeste du Parti communiste, Paris, Champ Libre, [1848] 1983. Et Marx Karl, Engels Friedrich, 2014, Manifest der Kommunistischen Partei. Marxists Internet Archive, consulté le 4 février 2018) que les « idées dominantes » (*die herrschenden Ideen*) d'une époque déterminée n'ont jamais été que les idées de la « classe dominante » (*die herrschende Klasse*), notion qui est reprise tactiquement par Lénine (Lénine, 2012). Cette notion renvoie aussi à la lecture de la question de l'hégémonie / domination d'Antonio Gramsci (Gramsci Antonio, *Guerre de mouvement et guerre de positon*, Paris, La Fabrique, 2012), ainsi qu'en raison de ses prolifiques applications au champ du cinéma, à celle de Louis Althusser (Althusser Louis, *Pour Marx*, Paris, Maspero, 1973.). La notion de « structure à dominante » permet à Althus*ser* de reconsidérer le rapport de détermination entre infrastructure et superstructure : les réglages de cette articulation sont repensés comme mécanismes d'une totalité structurée et transversale. La structure à dominante n'ordonne pas des sujets, mais un ensemble de rapports. Cette interprétation ouvre la possibilité de soustraire le cinéma à la domination de l'instance idéologique, à la logique dominante : se présente donc l'hypothèse d'un cinéma non dominant, qui, selon notre hypothèse, peut être le cinéma ou les cinémas de Libération. Le substantif « dominante » désigne encore l'élément focal immanent au système du film qui détermine et transforme les autres éléments. L'association du signifié de l'adjectif avec celui du substantif nous permet de retracer les dominantes du cinéma dominant, de la même manière que les dominantes du cinéma du Libération.

tant que codes préexistants – même si ces deux cinémas sont liés par un rapport d'ordre dialectique et structural. Le cinéma de Libération a l'idée d'une représentation nouvelle comme principe fondamental, ainsi que celles d'une restructuration de l'acte même de voir et des effets du regard posé sur les objets et le monde. La notion de « cinéma de Libération » dialogue avec la conception de Walter Benjamin[3] selon laquelle « …ce n'est qu'une humanité libérée *(erlösten Menschheit)* qui peut prendre pleinement possession de son passé[4] ». À la suite d'Alain Badiou, qui considère le cinéma comme « le marqueur profond[5] » d'une civilisation (comme le furent historiquement la tragédie grecque ou le roman d'apprentissage), la catégorie de « cinéma de Libération » permet d'identifier un ensemble de traits esthétiques caractéristiques des sociétés en lutte et la manière dont ils furent organisés dans l'espace et le temps. Dans *Arte y Compromiso*, article publié en 1968 dans le numéro 7 de la revue *Tricontinental*, le cinéaste cubain Santiago Álvarez soutient que « l'urgence du tiers-monde, cette importance créatrice chez l'artiste produira l'art de cette époque, l'art de la vie des deux tiers de la population mondiale[6] ». Le cinéma de Libération donne donc corps à l'utopie : il est la forme émancipatrice d'une indiscipline poétique et politique.

Le cinéma de Libération est une catégorie historique *et* géographique. Les régions, les territoires, les lieux géographiques du cinéma de Libération. Faire la carte géographique du cinéma de Libération implique de modéliser les lieux où sa puissance créative s'est développée. Géographier le cinéma de Libération, c'est dessiner un espace de simultanéité et de succession, car la dimension géographique, voire géopolitique, s'y allie à la dimension historique. Le cinéma de Libération intègre et désintègre ce qui l'a précédé et ce qui lui est concomitant. Il compose un système diachronique, synchronique et désynchronisé. Il est en constante délocalisation et relocalisation, accompagnant la dislocation temporelle et spatiale des foyers de résistance politique et culturelle. Il rend donc visible le développement inégal et inconstant de formes de représentations coexistantes. La notion de « géographie » renvoie également à une

3 Benjamin, Walter, « Über den Begriff der Geschichte », *Erzählen: Schriften zur Theorie der Narration und zur literarischen Prosa*, Frankfurt, am Main Suhrkamp, 2007, p. 130.

4 Toutes les traductions sont de l'auteure.

5 Badiou, Alain, *Cinéma*, Paris, Nova Éditions, 2010, p. 35.

6 Álvarez Santiago, « Arte y Compromiso », *Arteria del Hombre Nuevo*, 2014, consulté le 20 octobre 2014.

géographie de la pensée : à un déplacement cognitif et épistémologique qui fait partie d'un processus historique correspondant à un moment de décolonisation de la pensée et de libération de la connaissance.

Il se déplace dans le temps et dans l'espace. La notion de « cinéma de Libération » se situe aux intersections de la diachronie et de la synchronie. Ce cinéma s'inscrit dans le mouvement de l'histoire, mais son devenir historique ne peut être évalué qu'à partir d'une prise en compte de l'existence d'un système diachronique et synchronique de canons, formes et transgressions relatifs au cinéma dominant (entre autres catégories cinématographiques) et au cinéma de Libération lui-même, dans ses multiples variations spatiales et temporelles. Il se trouve dans un cadre historique, géographique et catégoriel par rapport à l'histoire du cinéma politique, à l'histoire du cinéma d'avant-garde et expérimental et à l'histoire du cinéma en général. Cette approche autorise à repenser certaines positions théoriques relatives aux transformations esthétiques et politiques opérées par le cinéma et à inscrire le cinéma révolutionnaire mozambicain dans un cadre spatial et temporel plus vaste, en contrariant la tendance à lire les cinémas africains selon une perspective exclusivement nationale ou continentale. Elle permet aussi de revoir la séparation des catégories de cinéma politique et de cinéma d'avant-garde et expérimental.

Le cinéma révolutionnaire mozambicain s'inscrit dans le cadre du cinéma de Libération de la conjoncture des années 1960 et 1970. Les ouvertures spatiales du cinéma de Libération, ses géographies multiples, sa diversité formelle et matérielle permettent de mettre en rapport le cinéma révolutionnaire mozambicain et le Nouveau cinéma latino-américain à travers un ensemble de corrélations conjoncturelles et structurelles.

UNE « ASTRONOMIE POLITIQUE »

Dans *Les bannières de la révolte. Anarchisme, littérature et imaginaire anticolonial, la naissance d'une autre mondialisation*, Benedict Anderson[7] propose une cartographie de l'anarchisme et de son influence, de 1880

7 Anderson, Benedict, *Imagined Communities: Reflections on the Origin and Spread of Nationalism*, Londres, Verso, 1983.

au début du XXe siècle, sur la deuxième vague des mouvements nationalistes, de Cuba aux Philippines. À travers l'approche simultanément diachronique, synchronique et modulaire d'une « astronomie politique[8] », Anderson entrevoit « les nationalismes comme des constellations, afin de relier le nationalisme "japonais" et "hongrois"[9]... », etc. La démarche de l'auteur repose sur une exploration des connexions transnationales qui nourrissent les mouvements indépendantistes. Le cinéma révolutionnaire mozambicain et le Nouveau cinéma latino-américain s'inscrivent dans la constellation du cinéma de Libération, une constellation fondée, elle aussi, sur des connexions transnationales, aussi bien que sur le partage de formes de résistance esthétique et politique.

Le cinéma de Libération ne coïncide pas strictement avec le cinéma politique en tant que catégorie générale. Malgré sa transversalité historique, il constitue l'une des « logiques culturelles », pour employer l'expression de Fredric Jameson[10], d'un espace-temps dans lequel on admet une continuité entre les formes artistiques et la lutte politique, l'avant-gardisme esthétique et l'avant-gardisme politique, mais aussi un lien conditionnel entre les révolutions nationales et leur extension spatiale – la révolution mondiale.

Dans le cadre historique et géopolitique des luttes de libération qui ont lieu un peu partout dans le monde tout au long de cette période, le combat pour la décolonisation politique était conçu également, d'après la théorie des penseurs comme Frantz Fanon[11] et Amílcar Cabral[12], en tant que bataille pour la décolonisation culturelle, esthétique et épistémique.

Au Mozambique, l'émancipation politique va de pair avec un processus d'ordre culturel et esthétique qui avait débuté pendant la lutte de libération : l'aspiration à créer des formes culturelles décolonisées et le désir d'un « cinéma mineur », au sens que Gilles Deleuze et Félix Guattari[13] attribuent à la littérature mineure. À travers un processus de synthèse entre la modernité et des éléments spécifiquement mozambicains,

8 *Ibid.*, p. 8.

9 *Ibid.*, p. 7.

10 Jameson, Fredric, *Postmodernism, Or, The Cultural Logic of Late Capitalism*, Durham, Duke University Press, 1991.

11 Fanon, Frantz, *Les damnés de la terre*, Paris, Gallimard, 1961.

12 Cabral, Amílcar, « Libertação Nacional e Cultura », *Malhas que os Impérios Tecem. Textos Anticoloniais. Contextos Pós-Coloniais*, éd. M. Ribeiro Sanches, Lisbonne Edições, vol. 70, 2011, p. 355-375.

13 Deleuze, Gilles, guattari Félix, *Kafka. Pour une littérature mineure*, Paris, Minuit, 1996.

déterritorialisant les modèles de représentation dominants, les formes filmiques devraient se débarrasser tantôt des codes du cinéma colonial, tantôt du cinéma dominant (« le premier cinéma », identifié au modèle hégémonique hollywoodien) et du cinéma d'auteur tel qu'il a été historiquement défini (« le second cinéma »), pour reprendre les catégories cinématographiques identifiées par Getino et Solanas dans leur manifeste de 1969 déjà cité. Ce manifeste est marqué par la pensée de Fanon[14], auteur qui constitue aussi, de manière générale, une importante référence pour les cinéastes de l'Institut national de cinéma (INC) mozambicain, fondé en 1976[15], notamment pour Ruy Guerra, né à Lourenço Marques en 1931 et l'un des cinéastes majeurs du *Cinema Novo* brésilien. Getino et Solanas y soutiennent le « Tiers-cinéma », par opposition aux deux catégories identifiées ci-dessus.

La lutte anti-impérialiste des peuples du tiers-monde et de leurs équivalents en métropole constitue incontestablement aujourd'hui l'œil de la révolution mondiale. Le Tiers-cinéma est, pour nous, celui qui reconnaît dans cette lutte la plus gigantesque manifestation culturelle, scientifique et artistique de notre temps, la grande possibilité de construire à partir de chaque peuple une personnalité libérée : la décolonisation de la culture[16].

La définition du « Tiers-cinéma », notion à laquelle nous reviendrons plus tard, repose sur une conception de la libération comme un processus d'affirmation culturelle à travers la négation de la culture coloniale et de la culture dominante. Cette négation est d'ordre dialectique : une totalité nouvelle émergerait du processus productif de négation et d'absorption transformative du dominant. Une perspective proche, en lien avec la théorie de la culture de Cabral, est soutenue par Armando Guebuza et Sérgio Vieira au nom du FRELIMO[17], le Front de libération

14 Fanon, Frantz, *Les damnés de la terre*, *op. cit.*

15 Bien que la fondation de l'INC ne remonte qu'à mars 1976, l'Institut est précédé par le Service national de cinéma (SNC), créé en novembre 1975, juste cinq mois après l'indépendance du Mozambique.

16 Getino, Octavio, Solanas, Fernando « Hacia un tercer cine. Apuntes y experiencias para el desarrollo de un cine de liberación en el mundo », *op. cit.*

17 Une convention de l'historiographie mozambicaine différencie « FRELIMO » écrit en majuscules de « Frelimo » écrit en minuscules. Selon cette convention, « FRELIMO » désignerait le front anticolonial créé le 25 juin 1962 à Dar es Salam, tandis que « Frelimo » se référerait au Parti-État fondé en 1977, au même temps où le marxisme-léninisme était adopté comme idéologie officielle. Le FRELIMO sera toujours mentionné en majuscules

du Mozambique[18], en 1971, quatre ans avant l'indépendance, lors du séminaire « L'influence du colonialisme sur l'artiste, son milieu et son public dans les pays en voie de développement », organisé par l'Unesco à Dar es Salam[19]. Ce discours, le texte fondateur de la théorie de la culture au Mozambique, est un document essentiel pour définir la conception culturelle du mouvement de libération mozambicain. Il est publié sous forme d'article dans le numéro 49 de *Mozambique Revolution*[20] en octobre de la même année. Guebuza et Vieira y critiquent sévèrement les pratiques disciplinaires du système colonial visant à « dépersonnaliser le colonisé, à le coloniser mentalement[21] ». « Dans les rares écoles qui existent, on enseigne aux enfants tout sur la géographie et l'histoire du Portugal[22] », affirment les signataires de l'article. Selon Guebuza et Vieira, « la géographie du Portugal situe [l'élève] dans l'espace, tandis que l'histoire portugaise le situe dans le temps[23] ». Le projet du FRELIMO doit alors créer différents repères spatiaux et de nouvelles références temporelles. Il est question de décoloniser la sphère de la connaissance et celle de l'éducation, ainsi que le domaine de la culture et de l'art.

On essaie de faire disparaître toute trace du *corpus* d'idées, d'images et de représentations des savoirs et de l'imaginaire coloniaux qui avaient nourri le discours de légitimation de la colonisation. On tente d'effacer toutes les anciennes catégories géographiques, historiques, anthropologiques et culturelles par lesquelles le colonialisme avait cherché à rendre compréhensible et donc, à dompter et à justifier le monde colonial.

---

dans cet article non point en raison d'une volonté de simplification, mais parce que nous considérons que des enjeux idéologiques sont à la base de cette différenciation graphique.

18 Le FRELIMO est fondé le 25 juin 1962 à Dar es Salam.

19 Avant les indépendances, les mouvements de libération de l'Angola, de la Guinée-Bissau, du Cap-Vert et du Mozambique participent aux événements organisés par des institutions telles que l'Unesco ou l'Organisation de solidarité avec les peuples d'Asie, de l'Afrique et d'Amérique (Ospaaal), celle-ci, fondée à l'occasion de la conférence *Tricontinental* de solidarité avec les peuples d'Asie, d'Afrique et d'Amérique Latine, qui eut lieu en janvier 1966 à La Havane. C'est aussi pour cela que nous pouvons reconnaître une culture nationale et transnationale qui opère sur un champ ouvert et interdisciplinaire, anticipant et préfigurant la naissance politique de ces pays.

20 Publication du FRELIMO en langue anglaise basée à Dar es Salam. Le premier numéro est publié en décembre 1963 et le dernier en juin 1975, au moment de l'indépendance du Mozambique.

21 Guebuza, Armando, Vieira Sergio, « The Growth of a New Culture », *Mozambique Revolution*, n° 49, octobre-décembre 1971, p. 10-11, p. 10.

22 *Ibid.*, p 10.

23 *Ibid.*, p. 10.

On cherche à rompre radicalement avec le passé colonial en portant un nouveau regard sur le Mozambique : un regard décolonisé, qui se lèverait d'un mouvement de retournement, opération produisant des effets esthétiques, politiques, perceptifs et épistémiques. Décoloniser la littérature, décoloniser les représentations, décoloniser les modèles de connaissance et de pensée, voici les axes d'un même mouvement où la décolonisation perceptive et la décolonisation représentative inscrivent leur cheminement sur celui de la décolonisation cognitive.

Guebuza et Vieira insistent sur la dimension historique, sociale, culturelle – et aussi épistémique – de l'assujettissement colonial : « la science joue un rôle fondamental dans l'"amélioration" [*sic*] des méthodes employées pour exploiter et aliéner les masses, tandis que la culture devient un autre gadget, quelque chose pour divertir les couches exploiteuses et pour remplir leurs heures de loisir. Il s'agit même d'une anticulture, un moyen pour déshumaniser l'homme[24] ». Le colonialisme s'impose comme système de domination également à travers le travail conjoint de la science et de la culture. Mais ce système a toujours trouvé des noyaux de résistance. Même durant des périodes où la résistance guerrière paraissait se dissiper une fois pour toutes, la connaissance et la culture sont restées deux sphères indociles. La tension entre la rationalité moderne et la prétendue irrationalité des peuples colonisés (liée à la magie, à l'animisme, aux rites) autant que la tension entre la culture, les arts occidentaux et les formes culturelles et artistiques dites « incivilisées[25] » ont dessiné en continu une frontière, à la fois ferme et diffuse entre ces deux univers, un fil tendu de distances contradictoires. Cette frontière montre de manière évidente, par son existence même, ce qui restait à jamais incontrôlable par le colonialisme : mille petits faits échappant à l'ordre de ce système. En 1951, Georges Balandier soulignait déjà l'existence de « points de résistance[26] » dans les sociétés colonisées, caractérisées comme pathologiques, et la nécessité de considérer le colonialisme comme « un complexe, une totalité[27] ». Dans le contexte des luttes anticoloniales, le colonisé se retrouve face au colonisateur. Même

24 *Ibid.*, p. 11.

25 Nous retrouvons cette même tension aujourd'hui dans le principe d'existence des musées des arts et des civilisations non « occidentaux ».

26 Balandier, Georges, « La situation coloniale : approche théorique », *Cahiers internationaux de sociologie*, vol. 11, 1951, p. 50.

27 *Ibid.*, p. 57.

s'il semble encore voué à une destinée d'oppression, il s'est déjà émancipé : dorénavant, il est armé d'une conscience politique, fondée avant tout sur la connaissance de la valeur de son savoir et de sa culture. Dans la lignée de la théorie de la culture de Fanon[28] et de Cabral[29], la lutte armée, acte de rejet violent du savoir et de la culture du colonisateur, est conçue au Mozambique comme un acte de culture à travers lequel l'homme colonisé affirme et reconquiert son humanité.

Cabral définit la lutte armée comme fait culturel et facteur de culture[30]. Fondée sur une relecture du rapport de détermination entre infrastructure et superstructure, cette conception est proche de la théorie du « fait littéraire » de Mário Pinto de Andrade[31], qui soutient l'interpénétration et la réciprocité entre le fait culturel et le fait économique. Pour Pinto de Andrade, l'*Ursprung* de la littérature anticoloniale est historiquement et formellement déterminée par le système colonial et sa structure binaire. Selon la conception du penseur et homme politique angolais, la littérature anticoloniale est une forme d'opposition et de résistance culturelle et formelle (pré)nationale à ce système et à cette structure. La forme littéraire ne naît pas directement de la réalité économique, comme dans la théorie de la littérature marxiste en général, mais de l'exception coloniale. L'identité culturelle nationale et ses formes d'expression littéraires et artistiques ne reflètent donc pas la réalité coloniale, mais, au contraire, s'affirment comme forme de résistance à cette réalité et préfiguration de l'avenir.

Nous retrouvons une conception très proche de la culture et des dynamiques culturelles spécifiques du Mozambique dans le discours de Dar es Salam de 1971 de Guebuza et Vieira. Le FRELIMO concevait la culture (tantôt les formes culturelles, tantôt les formes esthétiques) en tant que synthèse des éléments formels de l'idéal de modernité et de modernisation et des modes traditionnels d'expression culturelle. Pour Guebuza et Vieira, ce sont les caractéristiques mêmes du colonialisme comme système qui imposent la destruction dialectique de la culture du colonisateur et l'établissement d'une nouvelle culture : « la

28 Fanon, Frantz, *Les damnés de la terre*, *op. cit.*

29 Cabral, Amílcar, « Libertação Nacional e Cultura », *op. cit.*

30 *Ibid.*, p. 373.

31 Andrade, Mário Pinto de (dir.), *Antologia Temática de Poesia Africana. Cabo Verde, São Tomé e Príncipe, Guiné, Angola, Moçambique. I - Na Noite Grávida de Punhais*, Lisbonne, Sá da Costa, 1975.

lutte entre cultures est incluse dans la logique même de la révolution [mozambicaine][32] ». La lutte entre cultures est incluse dans la logique même du combat anticolonial, pourrions-nous paraphraser. Les deux penseurs soulignent le caractère idéologique de la lutte entre l'ancien et le nouveau, c'est-à-dire, de la lutte entre la culture ancienne et la nouvelle culture : « Il s'agit de détruire dialectiquement… en allant au-delà ». Il est important de remarquer que l'adjectif « nouveau » décrit ici le résultat d'une synthèse dialectique entre la culture « ancienne coloniale » [et celle] « des sociétés traditionnelles », catégories qui sont rapprochées. La culture des « sociétés traditionnelles » est même abusivement assimilée à la « tradition féodale ». Mais, grâce à ce processus de synthèse dialectique – ou, selon l'anthropologue, sociologue et ancien ministre de l'Information du Mozambique (1980-1986), José Luís Cabaço, de « convergence culturelle[33] » –, la culture du pays ne renie pas les « valeurs positives du passé », qui sont, inversement, « adoptées, réintégrées dans le nouveau contexte ».

La nouvelle culture est populaire, à visée nationale et universelle. Niant et surmontant tantôt les « microcultures tribales », tantôt l'« anticulture coloniale », cette nouvelle culture « assume les dimensions géographique et historique du peuple dans leur ensemble ». Sur la base du principe de cohésion culturelle nationale. C'est parce que la nouvelle culture assume « les valeurs révolutionnaires du peuple [qu'elle peut être] universelle et nationale » [:] « elle fait partie de la lutte de toute humanité pour la libération sociale et culturelle ». Bien que l'articulation entre la dimension nationale et la dimension universelle de la culture – que nous retrouvons aussi chez Cabral – soit faible du point de vue théorique, notamment selon une perspective marxiste, cet argument nous montre bien qu'en 1971, il existait déjà entre les idéologues du FRELIMO le souci d'harmoniser le nationalisme du mouvement avec son orientation idéologique internationaliste (la ligne politique internationaliste et les importantes connexions transnationales).

Si Edward W. Saïd affirme, dans la lignée de Fanon, que l'épistémologie impériale a représenté l'« autre » comme incapable de produire une

---

32 Guebuza, Armando, Vieira Sergio, « The Growth of a New Culture », *op. cit.*, p. 11, pour cette citation et les suivantes.

33 Schefer, Raquel, Entretien inédit avec José Luís Cabaço, Paris, 2015, pour cette citation et les suivantes.

représentation de soi-même[34], ouvrant ainsi la voie à la révision critique du processus de construction de l'altérité anthropologique, Ismail Xavier signale une inversion qui survient précisément dans cette période : sur le plan esthétique, le *Cinema Novo* brésilien et le Nouveau Cinéma latino-américain viennent questionner « la téléologie qui suppose qu'il appartient aux pays centraux… de produire les expériences artistiques de pointe[35] ». À titre d'exemple, en 1967, Glauber Rocha affirme que « L'héritier du *cinema novo* [*sic*] est Jean-Luc Godard[36] ». À son tour, en 1970, dans un entretien à la revue *Cinéma 70*, Godard considère comme des concrétisations de sa conception du cinéma politique « certains films brésiliens ou cubains, ou le film bolivien *Yawar Mallku* [*Le Sang du condor*, de Jorge Sanjinés, 1969][37] ». Deux ans avant, en 1968, dans *Le Gai savoir*, le cinéaste suisse fait référence à Rocha, aux côtés de Bernardo Bertolucci et de Jean-Marie Straub. Le cinéaste brésilien est par ailleurs l'un des personnages de *Le Vent d'est*, réalisé par le Groupe Dziga Vertov en 1970.

Le périmètre de la cartographie filmique de cet article se redessine à la lumière de ces considérations : émerge une cartographie aux trajets variés qui n'est plus uniquement traversée par l'axe privilégié des mouvements verticaux descendant de l'hémisphère Nord vers l'hémisphère Sud. Pour la première fois dans l'histoire du cinéma, le Sud se représente à lui-même et va jusqu'au point de représenter le Nord. Dans *Claro* (1975) de Rocha, le tiers-monde envahit les ruines du vieux monde qui finit par s'effondrer et se tropicaliser. Ce film désorganise la cartographie des rapports de proximité et de distance entre l'« ici » et l'« ailleurs », le « même » et l'« autre », le sacré et le profane, des rapports qui, assurant une ligne de continuité avec le modernisme brésilien, sont ainsi partialement revus et inversés[38]. Pour la première fois dans l'histoire du cinéma, les cinémas du Sud ont une influence esthétique – et intrinsèquement politique, dans un cadre de réciprocité – sur les cinémas du Nord.

34 Saïd, Edward W., *Orientalism*, Londres, Penguin, 1977.

35 Xavier, Ismail, *Sertão Mar : Glauber Rocha e a Estética da Fome*, São Paulo, Cosac Naify, 2007, p. 12.

36 Rocha, Glauber, « Você gosta de Jean-Luc Godard ? », *O Século do Cinema*. São Paulo, Cosac Naify, 2006, p. 308-313, p. 311.

37 Godard, Jean-Luc, « Le Groupe Dziga Vertov », *Cinéma 70*, n° 151, 1970, republié dans *La Furia Umana*, février 2018, n° 33.

38 À propos de ce film, Rocha parle d'« une vision brésilienne de Rome. C'est-à-dire, un témoignage du colonisé sur la terre de la colonisation » (Rocha, 1975).

LE CINÉMA RÉVOLUTIONNAIRE MOZAMBICAIN ET LE CINÉMA DE LIBÉRATION

Des correspondances formelles, esthétiques et conceptuelles existent entre le cinéma révolutionnaire mozambicain et le cinéma de son temps, un cinéma de Libération et de « décolonisation[39] » – particulièrement, avec le Nouveau cinéma latino-américain, notamment le cinéma cubain.

Le cinéma de Libération émerge comme une cartographie réelle *et* métaphorique ouverte sur le temps. La notion couvre un champ de défis du domaine esthétique, politique et épistémologique, lié à un effort de réparation des dégâts culturels provoqués par le colonialisme et le capitalisme, ainsi qu'à une volonté de mettre en place des modèles de représentation non hégémoniques. Guattari[40] suggère la possibilité d'une géographie de résistance en contre-position à « l'espace strié[41] » et fermé sur lui-même de l'ordre politique dominant. Les connexions et les entrelacements géographiques, les réorganisations et les ouvertures imprévisibles de l'espace constituent ainsi des formes de résistance qui surgissent dans les domaines les plus divers, incluant le cinéma et les représentations visuelles en général. Ces nœuds territoriaux de résistance se trouvent essentiellement dans des mouvements d'articulation et de lissage opposés aux liaisons homogénéisantes et aux divisions imposées par la géopolitique globale. Le cinéma de Libération est, en ce sens, une géographie de résistance.

Le concept de « ciné-géographie » *(ciné-geography)*, développé par Ros Gray et Kodwo Eshun[42], est particulièrement valable dans le cadre de cette perspective car il insère ce que les auteurs désignent comme « cinéma militant » dans un système d'ouverture spatiale et temporelle. Cette démarche contribue non seulement à redistribuer spatialement ce

39 Getino et Solanas affirment, dans leur manifeste, qu'« il n'y a pas si longtemps, la prétention de réaliser un cinéma de décolonisation dans les pays colonisés et néocolonisés apparaissait comme une aventure déraisonnable » (Getino et Solanas, 1969, p. 1).

40 Guattari, Félix, *La révolution moléculaire*, Paris, Union Générale d'Éditions, Éditions Recherches, 1977.

41 Deleuze, Gilles, Guattari Félix, « Le lisse et le strié », *Capitalisme et schizophrénie 2 : Mille plateaux*, Paris, Minuit, 1980, p. 592-625.

42 Gray, Ros, Eshun, Kodwo, « The Militant Image: A CinéGeography », *Third Text*, n° 25, vol° 1, 2011, p. 1-12.

cinéma, mais aussi à repenser son historicité, en le reliant au présent à partir d'une épistémologie mixte, qui prend en compte l'entrelacement de l'objectivité et de la subjectivité dans les processus de réception et d'interprétation des images du passé. Gray et Eshun situent ce cinéma dans un espace propre et élargi, un espace transnational redistribué, et lui confèrent une temporalité transversale qui touche au présent. Les auteurs soulignent aussi les articulations inextricables entre le politique, l'esthétique et les questions de production, de distribution et de formation :

> À l'intérieur des contextes multiples du militantisme Tricontinental... la ciné-géographie désigne des pratiques ciné-culturelles situées dans un sens élargi, ainsi que les connexions – individuelles, institutionnelles, esthétiques et politiques – qui les relient transnationalement à d'autres situations de lutte urgente. Le concept ne fait pas seulement référence à des films isolés, mais également aux nouveaux modes de production, d'exposition, de distribution, de pédagogie et de formation rendus possibles par des formes d'organisation et d'affiliation politiques[43].

La conception relationnelle de cette « ciné-géographie » redéfinit et diversifie les possibles rapports spatio-temporels à l'objet d'analyse, en multipliant les liens et les articulations possibles, et les repolitise en même temps. Ces pratiques « ciné-culturelles » peuvent transpercer l'espace et le temps ; leur fonction sociale est à la fois réhabilitée et actualisée, en ouvrant la possibilité d'une révision de la catégorie même d'« œuvre » cinématographique, aussi bien que de celle d'« auteur ». Le cinéma révolutionnaire mozambicain peut être réinterprété sous cet angle comme faisant partie d'une constellation politico-esthétique qui émane de – ou qui se dessine à partir de – la conférence *Tricontinental*. L'accent placé par Gray et Eshun sur les formes politiques d'organisation et d'affiliation qui émergent de la première conférence *Tricontinental* de solidarité avec les peuples d'Asie, d'Afrique et d'Amérique latine, qui a lieu à La Havane en 1966, permet d'examiner comment la Révolution cubaine et le Nouveau cinéma latino-américain exercèrent une influence déterminante, non seulement au niveau politique, mais encore au niveau esthétique, sur le FRELIMO et les formes culturelles mozambicaines, en particulier sur le cinéma dans ses modes de conception, de production, de distribution et de réception.

---

43 *Ibid.*, p. 1.

Les liens entre le cinéma révolutionnaire mozambicain et le Nouveau cinéma latino-américain revêtent quatre modalités essentielles. Tout d'abord, une modalité formelle, à savoir l'existence de formes filmiques communes entre ces deux cinématographies, comme, par exemple, le remploi d'archives photographiques et filmiques. Ces formes filmiques communes font apparaître ce qu'on peut appeler une « esthétique de Libération », un système de correspondances formelles, esthétiques, narratives et conceptuelles entre les « cinémas de Libération ».

Deuxièmement, nous retrouvons des modes similaires de conception, de formation, de production, de distribution et de réception du cinéma dans ces deux cinématographies. Par exemple, le programme de distribution « Cinéma dans les villages » (*Cinema nas aldeias*), l'un des versants du projet de collectivisation du cinéma au Mozambique, avait comme modèle le programme cubain « Cine Móvil », mis en place à la suite de la révolution de 1959 et lui-même inspiré des « ciné-trains » et des « agit-vapeurs » de la première phase de la révolution soviétique[44].

Troisièmement, Guerra, figure centrale dans la conception de l'« esthétique de Libération » mozambicaine, s'entoure, depuis son arrivée à l'INC en 1977, des coopérants internationaux, surtout Brésiliens (Murilo Salles et Licínio de Azevedo, entre d'autres), pour former des réalisateurs et des techniciens. Notons aussi que *Vinte e cinco* (*Vingt-cinq*, 1975-1977), premier long-métrage du Mozambique indépendant, est dirigé par les Brésiliens José Celso Martinez Corrêa et Celso Luccas, après la réalisation d'*O Parto* (*L'accouchement*, 1975) pour signaler le premier anniversaire de la révolution du 25 avril 1974 au Portugal. Dans *Vinte e cinco*, la multitemporalité du récit résulte de la tension entre les archives visuelles et sonores et le matériel tourné par Luccas, à la caméra, et enregistré par Martinez Corrêa, chef opérateur de prise de son. Le montage de ces éléments hétérogènes des points de vue temporel et spatial, ainsi que selon une perspective matérielle (8 mm, Super 8, 16 mm, 35 mm), idéologique (archives coloniales, archives anticoloniales, cinéma dominant, cinéma de Libération) et de genre (fiction, non-fiction, documents) fait apercevoir l'histoire mozambicaine dans toute sa complexité. L'intervention entre les images et entre le son et l'image vise une opération de détournement

---

44 Barnouw, Erik, *Documentary. A History of the Non-Fiction Film*, New York / Oxford, Oxford University Press, 1993. Et leyda, Jay, *Kino. A History of the Russian and Soviet Film*, Londres, George Allen & Unwin, 1973.

du regard – ce que les situations optiques, abondantes dans le film, représentent – aussi bien que l'apparition des formes symboliques du colonialisme portugais. Permettant d'interroger les catégories dominantes de perception et de pensée, cette apparition conduit à un vertige du point de vue, possibilité même de l'émergence d'un nouveau regard et d'une autre représentation.

L'influence du Nouveau cinéma latino-américain sur le cinéma révolutionnaire mozambicain revêt encore une dimension théorique. Les manifestes et les textes programmatiques du Tiers-cinéma latino-américain – celui, déjà cité de Getino et Solanas, mais aussi, entre autres, *Por un cine imperfecto*, de Julio García Espinosa[45] –, ont des répercussions importantes sur la conception du cinéma au Mozambique révolutionnaire, tout particulièrement sur sa définition comme praxis poétique et politique.

DEUX, TROIS, DE NOMBREUX CINÉMAS DE LIBÉRATION…

Alors qu'en Europe la théorie des auteurs et la phénoménologie du cinéma se consolident, en Amérique latine – et, dans une moindre mesure, en Afrique et en Asie – une nouvelle théorie prend forme autour des mouvements de libération, transcendant son caractère national : la théorie du Tiers-cinéma. Le terme de « Tiers-cinéma » est employé pour désigner le cinéma du tiers-monde. Ce cinéma s'inspire du montage soviétique, du néoréalisme italien, du théâtre épique brechtien, aussi bien que du Cinéma Vérité, du Cinéma Direct et de la Nouvelle Vague. Il est indispensable de distinguer le tiers-monde comme un espace géopolitique du « tiers-mondisme » dans sa définition classique et, surtout, dans son acception actuelle. Bien au-delà d'une géographie, le tiers-mondisme est une forme d'être au monde.

En dehors de cet ensemble d'influences communes, le Tiers-cinéma, l'un des territoires du cinéma de Libération, est un cinéma multiple, qui se nourrit et produit différentes approches esthétiques et politiques.

45 García Espinosa Julio, « Por un cine imperfecto », *Cine Latinoamericano*, [1969] 2013, consulté le 5 février 2018.

Même si les catégories de « Nouveau Cinéma latino-américain » et de « Tiers-cinéma » se recoupent dans l'œuvre de plusieurs cinéastes tels que Guerra, Rocha ou García Espinosa, la première catégorie est spécifiquement esthétique, tandis que la seconde est étroitement liée à une praxis politique du cinéma.

Les formes d'organisation qui surgissent de la conférence *Tricontinental* et les connexions rendues propices par cet événement affermissent un corps d'idées liées à une conception de la culture et de l'art comme formes de résistance. L'affirmation du politique et de l'esthétique comme deux sphères inséparables a de grandes répercussions sur la conception culturelle des mouvements de libération et une influence directe sur les formes esthétiques révolutionnaires africaines, en particulier mozambicaines. Le cinéma cubain constitue un modèle pour le cinéma mozambicain, notamment au niveau de son organisation institutionnelle. L'Institut cubain de l'art et de l'industrie cinématographiques (ICAIC)[46] cubain est le parangon de l'INC mozambicain. Si, pour Tomás Gutiérrez Alea, le cinéma cubain émerge comme « un autre segment de la réalité à l'intérieur de la Révolution [*sic*][47] », le cinéma mozambicain apparaît comme un moyen de documentation et d'expression du processus révolutionnaire en se complexifiant politiquement et formellement par la suite.

Les itinéraires de cinéastes avaient été déterminants pour consolider l'influence exercée par le néoréalisme italien sur le Nouveau Cinéma latino-américain. Cesare Zavattini visite Cuba et le Mexique en 1953, tandis que Fernando Birri, García Espinosa et Gutiérrez Alea étudient au Centro Sperimentale di Cinematografia, à Rome. De même, les liens formels et politiques qui tressent la tricontinentalité – ainsi que les élans individuels – car elle est aussi un système d'affects, d'affinités électives et de filiations esthétiques – se resserrent avec encore plus de force à travers les parcours de cinéastes. Après des séjours plus ou moins longs au Portugal révolutionnaire, Guerra, Martinez Corrêa e Luccas partent au Mozambique. Álvarez y réalise *Maputo : Meridiano Novo* (*Maputo : nouveau méridien*, 1976) et *Nova Sinfonia* (*Nouvelle Symphonie*, 1982) après

46 L'ICAIC est fondé deux mois à peine après le 8 janvier 1959, date de l'entrée à La Havane de Fidel Castro, qui a toujours été un fervent défenseur de la cause mozambicaine et africaine en général.

47 Gutiérrez, Alea Tomás « The Viewer's Dialectic », in Michael T. Martin (ed.), *New Latin American Cinema*, 1, *Theory, Practices and Transcontinental Articulations*, Detroit, Wayne University Press,, [1982] 1997, p. 108.

avoir séjourné à Lisbonne en mai 1975. Il intègre une délégation cubaine qui visite Maputo pour entraîner des techniciens de l'INC dans le cadre d'un programme de l'ICAIC dédié à la formation de professionnels du cinéma africain.

L'influence formelle d'Álvarez sur les œuvres produites par l'INC et sur l'« esthétique de Libération » de l'Institut est très importante. La conception dialectique du montage d'Álvarez, le rapport « an-empathique » entre l'image et le son et, en particulier, le remploi et le détournement d'images d'archives, intégrées dans de nouveaux syntagmes discursifs – ce qui, selon le réalisateur, surgit en réaction aux actualités filmées telles qu'elles existaient alors[48] – sont des procédés formels constants de la production de l'INC de 1976 à 1984, surtout de la période qui se clôture en 1979. Citons *Estas São as Armas* (1978), de Murilo Salles et Luís Bernardo Honwana, ainsi que certains films d'actualités du programme *Kuxa Kanema*[49]. La forme de ce programme d'actualités s'inspire d'ailleurs, surtout dans sa phase mensuelle et même sans autant d'audace stylistique, de celle du *Noticiero ICAIC latinoamericano* (film d'actualités ICAIC latino-américain), de l'ICAIC. Le *Noticiero* a lui-même le *Kino-Nédélia*, le *Kino-Pravda* et les *Kinoks* de Vertov comme antécédents historiques et modèles formels.

Comme toute forme esthétique, les formes du cinéma de Libération ne sont pas statiques. Inversement, elles subissent un processus continu de déstructuration et de structuration[50]. D'autre part, le cinéma de Libération est le modèle de représentation dominant dans certains pays, comme le Mozambique pré-indépendant et indépendant[51] jusqu'en 1984-1985[52], tandis qu'il est périphérique et marginal dans d'autres pays, comme l'Argentine ou la Bolivie des années 1960 et 1970. De plus, même dans le premier groupe de pays, des territoires « libérés » – par analogie aux « zones libérées » des guerres de Libération[53] –, ces formes

48 L'idée de « contre-actualité » peut être rapprochée des conceptions du Newsreel Group, fondé à New York en 1967 par Robert Kramer, entre autres.

49 Programme d'actualités mensuel puis hebdomadaire (1978-1991).

50 lukács, Georg, *Histoire et conscience de classe*, Paris, Flammarion, 1968. Et lukács, Georg, *La théorie du roman*, Paris, Gallimard, 2012.

51 *Cf.* la première note de bas de page de cet article.

52 Le Réalisme socialiste mozambicain débute en 1984-1985.

53 Cabaço définit ainsi les zones libérées (*zonas libertadas*) du territoire mozambicain : « La guérilla appelait "zones libérées" les surfaces territoriales où l'administration se faisait déjà sous son contrôle [...] Le concept... était, pour la direction du FRELIMO, plus profond

ne sont pas stables : elles sont en permanente redéfinition en fonction des conditions politico-historiques, comme le met en évidence la transition du pré-cinéma mozambicain des années 1960 – le cinéma antérieur à l'indépendance, produit pendant la guerre de Libération, un cinéma qui « note le réel à venir[54] » – jusqu'à la création de l'INC et au Réalisme socialiste des années 1980. Les formes du cinéma de Libération, praxis de résistance esthétique et politique, ne sont alors ni statiques ni homogènes : ces formes varient d'une région à l'autre, ainsi qu'entre chaque période historique. C'est pourquoi le cinéma de Libération apparaît comme une cartographie esthétique et politique avec des traits thématiques et formels variables *et* communs : le carnavalesque, l'anthropophagie, l'antiréalisme de la représentation, la réflexivité et l'autoréflexivité, la perspective relationniste de certains films, des structures narratives et des rythmes historiques différenciés… Il n'y a pas *un* cinéma de Libération, mais *des* cinémas de libération, chacun d'entre eux correspondant à une zone, à une phase d'insurrection et à une esthétique insurgée corrélative. Le cinéma de Libération dessine donc une cartographie horizontale et verticale, cartographie ouverte sur le temps, à partir de laquelle ses variations, connexions et ruptures peuvent être comprises.

Les formes filmiques du cinéma de Libération sont des formes hétérogènes et dynamiques insérées dans des séries spatio-temporelles. Ces formes sont aussi traversées par le conflit entre les interprétations nationales de ce modèle formel et des transgressions individuelles et collectives.

MUEDA, MEMÓRIA E MASSACRE (1979-1980), DE RUY GUERRA

Mueda, Memória e Massacre (1979-1980), de Ruy Guerra, constitue l'exemple le plus fulgurant du cinéma révolutionnaire mozambicain, à la fois qu'une déclinaison singulière du modèle formel du cinéma

car il englobait aussi l'idée que le combat pour les transformations socio-économiques de la vie des populations se disputait dans ces zones » (Cabaço José Luís, *Moçambique : Identidades, Colonialismo e Libertação*, Maputo, Marimbique, 2010, p. 274).

54 Einstein, Carl, *Georges Braque*, Bruxelles, Éditions La Part de l'Œil, [1934] 2003, p. 38.

de Libération. Dans la lignée de *Der Leone have sept cabeças* (*Le Lion à sept têtes*, 1970), épopée africaine anticoloniale de Rocha, définie par le cinéaste comme « une histoire générale du colonialisme euro-américain en Afrique… soucieuse de penser du point de vue de l'homme du tiers-monde » (Almeida Paulo, 2018), le film de Guerra repense l'histoire du colonialisme portugais au Mozambique selon une perspective africaine, voire Makonde, peuple du Nord du Mozambique. De cette manière, le film essaie de surmonter l'une des principales difficultés du cinéma de Libération et du cinéma politique comme catégorie générale : le passage de la représentation à l'autoreprésentation du peuple, ce qui est une question d'ordre politique et épistémique.

Reconstitution du massacre de Mueda (1960), épisode historique de résistance qui eut lieu avant la fondation du FRELIMO en 1962 et l'éclosion de la guerre de Libération en 1964, *Mueda, Memória e Massacre* met en pratique un modèle cinématographique d'écriture collective et relationniste de l'histoire et donne une expression formelle au projet échoué de collectivisation du cinéma. *Mueda, Memória e Massacre* refuse la reconstitution historique comme mode de représentation du massacre de Mueda et propose une reconstitution *sensible*, à savoir la reconstitution des conditions perceptives, émotives et affectives de ceux qui ont participé à l'épisode historique et à la séquence d'événements à son origine. La perspective du film adopte la perception d'autrui, un angle troublé et troué de mémoire. Ainsi, le récit assume les conditions empiriques de l'expérience historique d'autrui. De plus, le film réalise une synthèse esthétique essentielle du point de vue des bases formelles du cinéma mozambicain. Il constitue un vrai point de rupture dans la filmographie de Guerra, qui, à l'époque, avait déjà réalisé trois des films les plus importants du cinéma moderne brésilien, *Os Cafajestes* (*La Plage du désir*, 1962), défini par Júlio Bressane comme le film « civilisateur » de la cinématographie brésilienne[55], *Os Fuzis* (*Les Fusils*, 1964), considéré par Rocha comme une démonstration de la manière dont le « cinéaste colonisé peut "instrumentaliser" [*sic*] la technique et trouver une expression » (Rocha, 1967, p. 41), et *A Queda* (*La Chute*, 1977), ce dernier co-réalisé avec Nelson Xavier, qui traite des répercussions du « miracle brésilien » des années 1970 sur les relations de travail et la sphère privée.

55 Pizzini, Joel, « A Montagem de Guerra », éd. D. Papa *Ruy Guerra. Filmar e Viver*, São Paulo, Centro Cultural Banco do Brasil, 2006, p. 43.

Les modes de production de *Mueda, Memória e Massacre* ne concernent pas simplement un effet de distanciation ou une opération de connaissance dévoilant la manière dont la production symbolique appartient elle-même à la structure de la domination ou bien à celle de l'émancipation. Le film subvertit la hiérarchie entre intellect et sensibilité, ainsi que l'apparente dichotomie entre la forme esthétique et la fonction sociale de l'art, à travers l'arrangement d'un espace d'échange qui n'est pas contradictoire avec l'innovation formelle. Dans son contexte géo-historique de production, l'idée de révolution formelle est inséparable de celle de révolution des modes de production et de réception. Elle ne présuppose pas pour cette raison une rupture ou un échec de l'alliance entre radicalité artistique et radicalité politique. Dans ce cadre, le cinéma est un mode de production de différence. En tant que tel, tout en représentant le réel, il s'examine et se reconnaît comme un dispositif producteur de relations et d'effets de connaissance. L'image représente, mais elle décrit aussi une relation entre le sujet et l'objet qui résulte du travail avec les moyens de production. L'action de l'observateur est remise en cause par celle de l'observé, ce qui nous sort du cadre d'une pensée de l'identité ou de l'altérité et nous introduit dans une pensée de la relation et de l'économie de l'échange, mettant en évidence l'un des objectifs de Guerra, dans la lignée de la praxis théorique de Sanjinés : faire du cinéma un moyen d'expression de cosmologies non-européennes, de cosmologies « extra-modernes[56] », dans ce cas la cosmologie Makonde.

Film majeur du cinéma révolutionnaire mozambicain, *Mueda, Memória e Massacre* synthétise deux praxis de résistance cinématographique[57] : une résistance de l'image en termes de contenu, à savoir la reconstitution *sensible* du massacre de Mueda, un épisode d'injustice et de révolte, et une résistance formelle – une justesse des formes filmiques. Ce sont les deux directions de l'image en mouvement identifiées par Jacques Rancière : « celle qui l'ouvre sur les injustices du monde et celle qui

56 Nilüfer, Göle, *The Forbidden Modern : Civilization and Veiling (Critical Perspectives on Women and Gender)*, Ann Arbor, University of Michigan Press, 1997. Et viveiros de castro, Eduardo, *A Inconstância da Alma Selvagem e Outros Ensaios de Antropologia*, São Paulo, Cosac Naify, 2002. Et west, Harry G., *Kupilikula. Governance and the Invisible Realm in Mozambique*, Chicago / Londres, Chicago University Press, 2005.

57 Nous convoquons ici les deux directions de l'image en mouvement identifiées par Jacques Rancière : « celle qui l'ouvre sur les injustices du monde et celle qui transforme toute intrigue d'injustice en vibration sur une surface » (Rancière, 2011, p. 129).

transforme toute intrigue d'injustice en vibration sur une surface[58] ». Le film de Guerra exemplifie la jonction du cinéma révolutionnaire mozambicain et du Nouveau cinéma latino-américain en tant que territoires du cinéma de Libération. Regarder ce film plus de quarante après sa production nous conduit à interroger l'utopie esthétique, politique et épistémique du cinéma de Libération des années 1960 et 1970. Le film nous laisse aussi avec une interrogation : revenant aux dynamiques spatiales et temporelles du cinéma de Libération – et malgré les dérives et l'esthétisation contemporaine du cinéma de Libération de cette période – le champ esthétique ne serait-il pas le seul terrain où l'idée élargie d'émancipation de ce cinéma (y compris sa dimension épistémique) a survécu et, même, vaincu ?

Raquel SCHEFER
Enseignante-chercheuse et cinéaste,
Université de Lisbonne et
Université du Western Cape

58 Rancière, Jacques, *Les écarts du cinéma*, Paris, La Fabrique, 2011, p. 129.

BIBLIOGRAPHIE

Almeida Paulo Ricardo de, 2018, « O Leão de Sete Cabeças », *Contracampo. Revista de Cinema*, < http://www.contracampo.com.br/74/derleone.htm>, consulté le 20 décembre 2018.

Althusser Louis, 1973, *Pour Marx*, Paris, Maspero.

Álvarez Santiago, 2003, « Arte y Compromiso », *Cine documental en América Latina*, Paulo Paranaguá (éd.), Madrid Cátedra, p. 458-460.

Andrade Mário Pinto de (dir.), 1975, *Antologia Temática de Poesia Africana. Cabo Verde, São Tomé e Príncipe, Guiné, Angola, Moçambique. I - Na Noite Grávida de Punhais*, Lisbonne, Sá da Costa.

Badiou Alain, 2010, *Cinéma*, Paris, Nova Éditions.

Balandier Georges, 1951, « La situation coloniale : approche théorique », *Cahiers internationaux de sociologie*, vol. 11, p. 44-79.

Barnouw Erik, 1993, *Documentary. A History of the Non-Fiction Film*, New York / Oxford, Oxford University Press.

Benjamin Walter, 2007, « Über den Begriff der Geschichte », *Erzählen : Schriften zur Theorie der Narration und zur literarischen Prosa*, Frankfurt, am Main Suhrkamp.

Cabaço José Luís, 2010, *Moçambique : Identidades, Colonialismo e Libertação*, Maputo, Marimbique.

Cabral Amílcar, « Libertação Nacional e Cultura », 2011, in Manuela Ribeiro Sanches (dir.), *Malhas que os Impérios Tecem. Textos Anticoloniais. Contextos Pós-Coloniais*, Lisbonne Edições, vol. 70, p. 355-375.

Deleuze Gilles, Guattari, Félix, 1980, « Le lisse et le strié », *Capitalisme et schizophrénie 2 : Mille plateaux*, Paris, Minuit, p. 592-625.

Deleuze Gilles, Guattari, Félix, 1996, *Kafka. Pour une littérature mineure*, Paris, Minuit.

Einstein Carl [1934] 2003, *Georges Braque*, Bruxelles, Éditions La Part de l'Œil.

Fanon Frantz [1961] 2002, *Les damnés de la terre*, Paris, La Découverte / Syros.

García Espinosa, Julio, [1969] 2010, *Revista Universitária do Audiovisual*, <http://imagenesdelsur.cicbata.org/sites/default/files/Por%20un%20cine%20imperfecto_JG_Espinosa.pdf>, consulté le 20 décembre 2018.

Getino Octavion Solanas Fernando [1969] 2014, « Hacia un tercer cine. Apuntes y experiencias para el desarrollo de un cine de liberación en el mundo », *Cinefagos*, p. 1-32, <http://www.cinefagos.net/index.php/documentos/437-hacia-un-tercer-cine-apuntes-y-experiencias-para-el-desarrollo-de-un-cine-de-liberacion-en-el-tercer-mundo>, consulté le 4 février 2018.

Godard Jean-Luc, 1970, « Le Groupe Dziga Vertov », *Cinéma 70*, n° 151, republié dans La Furia Umana, février 2018, n° 33.

Göle Nilüfer, 1997, *The Forbidden Modern : Civilization and Veiling (Critical Perspectives on Women and Gender)*, Ann Arbor, University of Michigan Press.

Gramsci Antonio, 2012, *Guerre de mouvement et guerre de positon*, Paris, La Fabrique.

Gray Ros, Eshun, Kodwo, 2011, « The Militant Image: A CinéGeography », *Third Text*, n° 25, vol. 1, p. 1-12.

Guattari Félix, 1977, *La révolution moléculaire*, Paris, Union Générale d'Éditions, Éditions Recherches.

Guebuza Armando, Vieira, Sergio, 1971, « The Growth of a New Culture », *Mozambique Revolution*, octobre-décembre, n° 49, p. 10-11.

Gutiérrez Alea Tomás, [1982] 1997, « The Viewer's Dialectic », in Michael T. Martin (ed.), *New Latin American Cinema*, 1, *Theory, Practices and Transcontinental Articulations*, Detroit, Wayne University Press, p. 108-131.

Israel Paolo, 2014, *In Step with the Times: Mapiko Masquerades of Mozambique*, Athens, Ohio University Press.

Jameson Fredric, 1991, *Postmodernism, Or, The Cultural Logic of Late Capitalism*, Durham, Duke University Press.

Lénine, [1917] 2012, *L'État et la révolution*, Paris, La Fabrique.

Leyda Jay, 1973, *Kino. A History of the Russian and Soviet Film*, Londres, George Allen & Unwin.

Lukács Georg, 2012, *La théorie du roman*, Paris, Gallimard.

Lukács Georg, 1968, *Histoire et conscience de classe*, Paris, Flammarion.

Marx Karl Engels Friedrich, [1848] 1983, *Manifeste du Parti communiste*, Paris, Champ Libre.

Marx Karl, Engels, Friedrich, 2014, *Manifest der Kommunistischen Partei. Marxists Internet Archive*, <https://www.marxists.org/deutsch/archiv/marx-engels/1848/manifest/index.htm>, consulté le 20 décembre 2018.

Michaux Henri, 1985, *Déplacements Dégagements*, Paris, Gallimard.

Pizzini Joel, 2006, « A Montagem de Guerra », in Dolores Papa (ed.), *Ruy Guerra. Filmar e Viver*, São Paulo, Centro Cultural Banco do Brasil, p. 42-48.

Poétique du film. Textes des formalistes russes sur le cinéma, 2008, François Albéra (dir.), Lausanne, L'Âge d'Homme.

Rancière Jacques, 2011, *Les écarts du cinéma*, Paris, La Fabrique.

Rocha Glauber, 1967, « Cela s'appelle l'aurore », *Cahiers du Cinéma*, n° 195, novembre 1967, p. 39-41.

Rocha Glauber, 1975 (23 juillet), « Intervista a Glauber Rocha », *Paese Sera*.

Rocha Glauber, 2006, « Você gosta de Jean-Luc Godard ? », *O Século do Cinema*. São Paulo, Cosac Naify, p. 308-313.

Saïd Edward W., 1977, *Orientalism*, Londres, Penguin.
Schefer Raquel, 2015, « Entretien inédit avec José Luís Cabaço », Paris.
Schefer Raquel, 2015a, *La Forme-Événement. Le cinéma révolutionnaire mozambicain et le cinéma de Libération*, thèse de doctorat en Études cinématographiques et audiovisuelles, Université Sorbonne Nouvelle – Paris 3, soutenue le 6 octobre 2015.
Viveiros de Castro Eduardo, 2002, *A Inconstância da Alma Selvagem e Outros Ensaios de Antropologia*, São Paulo, Cosac Naify.
West Harry G., 2005, *Kupilikula. Governance and the Invisible Realm in Mozambique*, Chicago / Londres, Chicago University Press.
Xavier Ismail, 2007, *Sertão Mar : Glauber Rocha e a Estética da Fome*, São Paulo, Cosac Naify.

FILMOGRAPHIE

Álvarez Santiago, 1976, *Maputo : Meridiano Novo / Maputo : nouveau méridien*, Cuba.
Álvarez Santiago, 1982, *Nova Sinfonia / Nouvelle Symphonie*, Cuba.
Godard Jean-Luc, 1969, *Gai savoir (Le)*, France / Allemagne de l'Ouest.
Groupe Dziga Vertov, 1970, *Vent d'est (Le)*, Italie / France / Allemagne de l'Ouest.
Guerra Ruy, 1962, *Cafajestes (Os) / La Plage du désir*, Brésil.
Guerra Ruy, 1964, *Fuzis (Os) / Les Fusils*, Brésil.
Guerra Ruy, 1979-1980, *Mueda, Memória e Massacre*, Mozambique.
Guerra Ruy, Xavier Nelson, 1977, *Queda (A) / La Chute*, Brésil.
Martinez Corrêa José Celso, 1975, *O Parto / L'accouchement*, Portugal.
Martinez Corrêa José Celso, Luccas Celso, 1975-1977, *Vinte e cinco / Vingt-cinq*, Mozambique / France.
Rocha Glauber, 1970, *Der Leone have sept cabeças / Le Lion à sept têtes*, Brésil / Italie / France.
Rocha Glauber, 1975, *Claro*, Italie.
Salles Murilo, Honwana, Luís Bernardo, 1978, *Estas São as Armas*, Mozambique.
Sanjinés Jorge, 1969, *Yawar Mallku / Le Sang du condor*, Bolivie.
Solanas Fernando « Pino », Getino Octavio, 1966-1968, *Hora de los Hornos (La) / L'heure des brasiers*, Argentine.

TRAVERSÉES

Du personnel au politique, du « jeu » au « je »

Quand je jette un regard rétrospectif sur ma vie et sur mon travail de cinéaste, j'ai du mal à les dissocier l'un de l'autre. Mon cinéma et ma vie sont étroitement imbriqués.

Quand je pense au cinéma, aux premiers films que j'ai vus, la notion de jeu me vient tout de suite à l'esprit. Le jeu occupait une place centrale, non pas par la durée mais par son intensité dans mes journées souvent rythmées par les activités scolaires.

La rue dans cette petite ville du Sud du Cameroun, Sangmelima, qui pouvait voir passer une voiture toutes les deux ou trois heures, était notre espace. Nous transformions les portions plates de ces routes de latérite en terrain de foot. Quand nous étions assez nombreux, on constituait trois équipes qui se relayaient sur le terrain. Celle qui encaissait deux buts était remplacée par celle qui attendait au bord du terrain. Les attentes variaient en fonction du niveau des équipes. Entre les parties de foot, en attendant de jouer, on se racontait les films que l'on avait vus ou que l'on nous avait racontés. Dans cet espace de jeu, le cinéma n'était jamais bien loin. Il était évidemment associé, à plus d'un titre, au jeu. Et ceux que nous, enfants, voyons dans ces films que l'on racontait étaient des joueurs. Pour moi, le cinéma a ainsi toujours été une question du « jeu ». Quand j'ai pris en main la caméra pour commencer à filmer, ceux que j'avais en face de moi étaient souvent des enfants. La première chose qu'ils faisaient dès qu'il y avait une caméra, c'était de mimer des attitudes de combats des films kung-fu ou alors, de poser comme des joueurs sur certaines affiches de péplums ou de western.

Notre idée du cinéma était donc une idée de jeu, de représentation d'un monde loin de celui dans lequel nous vivions. Un monde fantasmé, avec des situations claires d'injustice, des héros qui gagnaient toujours et sauvaient la veuve et l'orphelin. En cela, nous étions en phase avec un certain discours biblique du sauveur et de l'homme providentiel que les politiques essayaient d'enfoncer dans nos gosiers à coups de slogans et de propagande.

Dans un environnement où le cinéma est associé à la fiction, je me suis demandé comment montrer ce que vivent les gens au quotidien, leurs désirs, leurs problèmes, leurs espoirs, comment rendre visibles des quantités de questions qui étaient en suspens ?

En questionnant les religions et les discours officiels, je me suis progressivement rapproché du réel, espace infini du jeu.

Muni d'une caméra, où est-ce que je me place pour regarder la vie ? Le cinéma était un des espaces dans lesquels on pouvait questionner le discours officiel sans mettre sa vie en danger : « le Cameroun, mon beau pays », était un des slogans que l'on entendait régulièrement dans les médias, mais qui ignorait aussi royalement les problèmes immédiats des gens dans les quartiers populaires et les campagnes.

Bikutsi Water Blues (1988, 93 mn), mon premier long-métrage, qui mélange documentaire et fiction, fut ma première tentative de raconter une histoire en m'affranchissant de la distinction imposée entre fiction et documentaire. Pour moi, cette séparation n'avait pas lieu d'être, car le cinéma était lié au jeu, un mélange du réel et de l'imaginaire de la vie et de sa représentation.

Ainsi, quand on tente de photographier quelqu'un, il se présente rarement comme il est, mais comme il s'imagine, ou comme il voudrait être. Cette notion de représentation nourrit mon questionnement sur ce que je dis, ce que je montre et la façon dont je le fais.

Ces questions constituent les prémisses d'autres questions : d'où est-ce que je parle et comment est-ce que je prends cette parole ? N'ayant, dans les années 1980, que très peu de figures autour de moi sur qui prendre exemple, il me fallait inventer mes propres modèles et les expérimenter de film en film. Dans *Bikutsi Water Blues*, par exemple, je crée un personnage de journaliste qui pose son regard sur la société, ce qui me permet un traitement factuel des questions qui se posent, tout en rendant visible le point de vue d'où je parle.

L'idée, à l'origine du film *Bikusti Water Blues*, est le cercle vicieux sanitaire dans les quartiers populaires : les gens vivent dans un environnement pollué, consomment de l'eau qui n'est pas potable, tombent malades, vont se soigner, reviennent dans le même environnement, et le cycle continue. Ce cercle vicieux en crée un autre, social, car les gens de ces quartiers sortent rarement de leur condition de pauvreté dans laquelle ils semblent enfermés.

De cette première expérience, de nombreux sujets ont émergé et servi de point de départ à mes films suivants : après trente ans d'indépendance, comment se fait-il que les questions aussi essentielles que l'approvisionnement en eau potable dans un pays riche en matières premières ne soient pas résolues ? Cette question est à l'origine de mon film suivant, *Afrique, je te plumerai…* (1992, 88 mn).

Afrique, je te plumerai… questionne la culture de ceux qui dirigent le pays. Mais je m'interroge aussi sur la forme et la manière de me positionner par rapport au sujet. C'est là que je commence véritablement à réfléchir aux questions de positionnement : où parler, à qui, et comment amener ma réflexion visuellement ?

Du politique, je reviens au personnel, immergé que je suis dans cet environnement que je questionne. Comment l'exprimer, comment énonce la complexité de notre réalité ? L'imbrication des facteurs est telle que quel que soit l'angle adopté, les questions coloniales et les relations de pouvoir finissent toujours par refaire surface – tel le « formidable choc en retour » qu'évoqua Aimé Césaire dans le Discours sur le colonialisme –, même si l'on ne souhaite pas les aborder[1] La prise de parole par la voix *off* à la première personne devient alors le moyen de construire ma réflexion et mon cinéma : je passe du « jeu » au « je ».

À la vue du cheminement de mon travail, c'est en regardant le réel, en me posant la question de comment le représenter pour que les gens s'y retrouvent et se posent des questions par rapport à leurs propres vies, que mon travail part du personnel pour aller vers le politique, et inversement. Ce même travail s'inscrit dans une réflexion sur la représentation et la perception de ce réel, hors des frontières de genre cinématographique, et hors de ses frontières territoriales.

Jean-Marie Teno
Cinéaste

1 Césaire, Aimé, *Discours sur le colonialisme*, Paris, Réclame, 1950.

IDENTITÉS ET TRAVERSÉES

Laissez-moi d'abord me présenter. Je suis réalisatrice et scénariste, à la fois Française et Ivoirienne. J'ai fait mes études de cinéma en France ainsi que mes films, même si, quand j'ai passé le concours de La Fémis, on m'a demandé, lors de l'oral, pourquoi je voulais intégrer une école française alors que j'étais africaine et que j'allais travailler en Afrique. Cette question assez provocatrice montre de façon crue la perception qu'en France on peut avoir des Français noirs, qui sont toujours rattachés à un ailleurs, même lorsqu'ils sont d'ici.

Il arrive aussi que ma double appartenance culturelle produise des incompréhensions dans l'autre sens. Mes courts-métrages ont beaucoup circulé dans les festivals, y compris dans des festivals dits de « cinéma africain » où il y avait parfois des spectateurs offusqués qui, à la fin de la projection, se levaient en me disant : « Mais ce n'est pas un film africain ! ». Qu'est-ce que ça veut dire un film africain ? Pourquoi s'enfermer dans ses propres stéréotypes ? Je leur répondais : « Oui, vous avez tout à fait raison, c'est un film français, qui a été tourné en France avec de l'argent français ».

On voit bien en effet qu'il y a une question de la traversée des identités. Il y a une tendance à une conception très rigide de ce que serait l'identité des uns et des autres, alors que personnellement, et de par mon parcours familial, je me situe dans une hybridation.

Je me suis posée beaucoup de questions sur mon identité. Est-ce que je dois choisir entre être Française ou Ivoirienne ? Devrais-je, parce qu'une partie de mon ascendance est africaine, me laisser enfermer dans un type de production et de films qu'on attendrait de moi ? Où se situe ma liberté d'action dans un pays comme la France, où il y a très peu de cinéastes noirs, où c'est très difficile de faire exister de l'intérieur un cinéma de l'altérité ? En France, en raison de cette définition étroite de l'identité, on vous renvoie tout de suite vers le « cinéma africain ». Pourquoi pas. Mais c'est aussi une façon de vous sortir du territoire français, On vous explique – on vous suggère – que votre double appartenance culturelle ne vous rattache pas tant à la France qu'à l'Afrique, et qu'il serait plus judicieux de faire des films qui relèvent d'un autre espace culturel. Donc, il faut arriver à naviguer entre tout ça.

DU PERSONNEL AU SOCIAL : TROP NOIRE POUR ÊTRE FRANÇAISE ?

Mon documentaire, « Trop Noire pour être Française ? », est le reflet de mes questionnements. J'interroge ce que cela signifie d'être Français quand on est Noir. J'explore également le sentiment persistant qu'ont les Noirs de France d'être considérés comme des citoyens de seconde zone, parce qu'il leur faut toujours donner une preuve, matérielle ou culturelle, de leur citoyenneté. Celle-ci, au fond, est précaire et pèse moins que le « délit » de couleur.

Dès le début, je savais que je parlerai de moi. Il s'agissait d'inscrire dans la trame même du film la démarche que j'étais en train de faire pour essayer de mieux comprendre une situation qui m'affectait directement. Le point de départ était ma désillusion. Désillusion face au mensonge familial qui m'avait fait croire, quand j'étais enfant, que la couleur de ma peau n'aurait pas d'importance, que seules compteraient l'éducation et la classe sociale. Mais contrairement à ce que croyaient mes parents, la classe n'efface pas la race.

Désillusion aussi une fois confrontée au mensonge républicain. La République nous promet une égalité entre citoyens quelle que soit l'origine qui, de fait, n'existe pas. Mais moi j'ai cru à cette promesse, au fait que la France serait une société « *color blind* », comme disent les Américains, aveugle à la couleur. Je me suis donc sentie doublement flouée. C'est à partir de ce sentiment-là que j'ai construit le film. Sans que je m'en rende compte s'est ainsi mis en place un processus de reconstruction : s'approprier le stigmate de la peau pour en faire quelque chose.

LA MISE EN RÉCIT DU PASSÉ FAMILIAL ET COLONIAL

En termes de récit, j'ai mis en perspective la situation actuelle des Noirs de France avec le parcours de mon grand-père, Alphonse Boni, né vers 1909, c'est-à-dire au tout début de la colonisation française en Côte d'Ivoire – celle-ci devenant officiellement une colonie en 1893. La famille de mon grand-père était une famille de chefs. Ils occupaient des positions de pouvoir depuis plusieurs siècles. Du jour au lendemain, ils ont été privés d'une grande partie de leurs prérogatives. Mon hypothèse, c'est qu'ils ont compris assez vite que la chefferie traditionnelle serait dépossédée de son pouvoir politique. S'ils voulaient maintenir leur influence, il fallait qu'ils acquièrent les codes et la culture du nouveau pouvoir, notamment à travers des diplômes français.

Mon grand-père a donc été envoyé en France en 1924 afin de remplir cette mission familiale. On attendait de lui qu'il revienne avocat pour défendre les siens contre les colons. Viser des études supérieures était absolument exceptionnel pour l'époque. Il faut savoir qu'il n'existait même pas alors d'enseignement secondaire en Côte d'Ivoire. Il n'y en eut d'ailleurs que très tardivement puisqu'en 1946, Félix Houphouët-Boigny, alors député de la colonie de Côte d'Ivoire au parlement français, dut batailler pour envoyer un contingent de deux cents jeunes Ivoiriens suivre des études secondaires en France. Mais vingt ans plus tôt, au temps de mon grand-père, il n'y avait pas de bourse. C'est sa famille qui a payé de sa poche toutes ses études.

Dans mon film, mais aussi dans le livre du même nom qui a suivi[1], je retrace son parcours. Après ses études secondaires, Alphonse Boni fait des études de droit à Toulouse. Il choisit d'être magistrat plutôt qu'avocat parce qu'il se rend compte qu'il y a beaucoup plus de discriminations dans l'avocature. Mais auparavant, il doit obtenir la citoyenneté française – il n'est encore qu'un « indigène ». Il effectue cette démarche qui lui prendra plusieurs années, puis il part sillonner l'Afrique en tant que « juge colonial ». Pendant vingt ans, il va être magistrat pour le compte de la France. Mais jamais il n'aura le droit d'exercer ou de vivre en Côte d'Ivoire, son pays qu'il a quitté depuis trente-cinq ans déjà. Ce n'est

---

1 *Trop Noire pour être Française*, Paris, Éditions Tallandier, 2017.

qu'à l'aube de l'indépendance, en 1959, qu'il pourra enfin s'installer chez lui, avec sa femme et ses enfants. Ma grand-mère était blanche. Mon grand-père et elle s'étaient rencontrés durant leurs études à l'université de Toulouse. Ils ont dû braver le racisme colonial. Ensemble, ils ont formé le tout premier couple mixte marié de Côte d'Ivoire.

J'ai voulu comprendre pourquoi, 80 ans après, on continue quelque part d'être des indigènes de la France, confrontés aux mêmes problématiques.

LA CONSTRUCTION D'UNE IDENTITÉ NATIONALE

Cela renvoie à la façon dont s'est construite l'identité française. Dès que l'on gratte un peu, on s'aperçoit que derrière les grands principes avancés dans la Constitution, il y a un fait racial extrêmement fort. On ressent toujours ce présupposé qui est induit, qu'on se garde de dire, à l'exception de certains politiques, qu'être Français c'est être blanc. On le constate notamment avec l'immigration européenne. Aujourd'hui, les enfants des immigrés européens, à l'exception notable des Roms, se fondent très rapidement dans le paysage. On oublie leurs ascendances étrangères. En revanche, le stigmate de la « race » reste attaché à toutes les personnes d'ascendance extra-européenne, c'est-à-dire aux anciens colonisés.

Dans mon film *Trop Noire pour être Française ?* je déconstruis aussi la façon dont l'image du colonisé a été forgée. À travers les expositions coloniales, la propagande officielle, les films ethnographiques, la publicité, on a élaboré un « Autre » qui n'était pas vraiment civilisé, qui n'était pas tout à fait humain (quand il s'agissait des Africains) et qui, en tout point, était inférieur à l'homme blanc. Puis, d'un coup, au tournant des années soixante, comme il devenait difficile de maintenir cet empire, on a dit : « Bon, maintenant on va vous donner votre indépendance ». Mais le problème est que l'image qui avait été construite demeure. Non seulement elle reste mais elle est extrêmement prégnante dans les représentations, y compris inconscientes, qu'on a en France des Noirs, des Arabes, des Asiatiques. Or, cet inférieur qu'on a construit à un moment donné pour des raisons politiques bien précises, il faudrait désormais le considérer comme un frère, un égal. Cela demande une révolution des esprits.

RÉCEPTION ET RÉÉCRITURE FILMIQUE

J'ai reçu beaucoup de témoignages suite à ce film. Les réactions, lors des projections, sont aussi souvent très fortes. Et j'ai été très touchée d'apprendre que certains téléspectateurs ont choisi de regarder mon documentaire en famille ou avec un groupe d'amis pour pouvoir en débattre. Je crois que cela vient du fait que je montre à l'écran et dis tout haut ce que beaucoup vivent sans pouvoir l'exprimer publiquement. Le fait que j'apparaisse à l'écran, en racontant mon histoire, a également permis une identification directe. Il ne s'agissait plus d'un fait social mais d'un vécu incarné. Trop souvent, on oublie que le racisme ou les discriminations détruisent de l'intérieur des êtres humains. C'est pour cela que j'ai intégré au film cette série de brèves séquences intitulée « Tu sais que t'es noir(e) quand ». Face caméra, des hommes et des femmes racontent un acte raciste qu'ils ont subi. C'est parfois absurde, parfois drôle tellement les faits sont idiots, ou poignants. Une jeune femme qui travaille dans la restauration raconte ainsi comment, un jour, elle a assuré le service pendant un meeting de Le Pen. Son employeur lui avait donné la possibilité de ne pas y aller. Mais elle a estimé – c'était pour elle une question de principe –, qu'elle devait pouvoir exercer son métier partout. Elle s'est fait traiter de singe, des militants du Front national lui lançaient des biscuits… Des années après, elle était encore éprouvée. La séquence est passée au Zapping de Canal Plus. Elle m'a raconté que le lendemain, quand elle a pris le métro pour se rendre à son travail, les passagers l'ont applaudie. Je trouve cette anecdote magnifique. Le film a redonné du sens et de la valeur à l'humiliation que cette femme avait subie. C'était le plus beau cadeau qu'on pouvait me faire.

Isabelle Boni-Claverie
Scénariste et réalisatrice

DOUBLE VAGUE

Interroger la double culture à l'écran

AU NOM DE NOS PAIRS

Il n'est pas étonnant que l'un des points de départ de la Double Vague soit d'exprimer un vécu qu'elle considère dénaturé sur (par ?) les écrans. L'histoire de leurs pairs, qui passe généralement par l'exil de leurs pères, a marqué toute une génération confrontée à l'ici et l'ailleurs, entre ceux nés en France de parents étrangers, ceux nés à l'étranger ayant gagné la France dans leur enfance et ceux, nés en France de parents français, ayant grandi dans ce brassage culturel.

De ce fait, beaucoup de cinéastes interrogent leur héritage culturel à travers le cinéma, comme Martin Scorsese l'avait fait en son temps avec le documentaire *Italianamerican* (USA, 1974). En France, l'ancienne ministre déléguée à la Francophonie, Yamina Benguigui, avait marqué les esprits avec son documentaire triptyque réalisé en 1998 pour Canal+, *Mémoires d'immigrés*. Le film avait d'ailleurs remporté le Prix Michel-Mitrani du Festival international des programmes audiovisuels de Biarritz (FIPA) et le Golden Gate Award du San Francisco International Film Festival.

Collectant témoignages et archives d'époque, ce film présentait un regard intérieur sur l'immigration, du point de vue de ceux qui l'avaient vécue : d'abord, les hommes venus chercher du travail à l'époque où la France accueillait à bras ouverts la main-d'œuvre étrangère, puis les femmes venues rejoindre leur époux par le biais du regroupement familial et enfin, les enfants ayant grandi dans un pays qui n'était pas celui de leurs parents. En trois fois 52 minutes, la cinéaste a su donner la parole à trois générations de personnes habituellement silencieuses, contournant la barrière linguistique du français pour les laisser s'exprimer en arabe, avec leurs mots, leurs hésitations, leurs frustrations et leurs larmes.

Ce travail de transmission, beaucoup de cinéastes de la Double Vague en ont ressenti le besoin, non seulement pour répondre à leur propre questionnement, mais aussi pour permettre à une parole, bloquée dans l'intimité – par pudeur, par respect –, d'exister par le prisme d'un dispositif élargi.

C'est dans ce contexte que Nadja Harek filme son entourage dans *Ma famille entre deux terres* (2015), qu'Alice Diop découvre ses cousines dans *Les Sénégalaises et la Sénégauloise* (2005), que Rachid Djaïdani filme sa mère dans *Une heure avant la datte* (2011), que Josza et Emmanuel Anjembe placent leur caméra face à leur mère et leurs tantes dans *Les Princesses de Bossedi* (2013), que Soufiane Adel s'entretient avec sa grand-mère dans *Go Forth* (2014) ou que Badroudine Saïd Abdallah, filmant le « anta » de ses parents en Grande Comore, s'interroge sur la propre obligation qui pèse sur ses épaules dans *Le Grand Mariage* (2016).

Ayant, pour la plupart, le bénéfice de comprendre la langue de leurs parents mais le frein de ne pas connaître les motivations de ceux-ci (migrer, construire au pays, s'endetter pour une union traditionnelle), le prisme du cinéma documentaire leur permet à la fois de se détacher de l'histoire personnelle pour interroger une histoire plus vaste (culturelle, migratoire, traditionnelle) et de recueillir la parole *via* un dispositif de tournage élargi par rapport à la seule interaction parent / enfant. Ces films-témoignages sont d'autant plus complexes à réaliser que, passé le plaisir de parler devant une caméra, arrivent très vite les préoccupations de l'impact de ces images sur un public autre que familial.

La plupart des cinéastes ayant filmé les leurs se sont retrouvés au cœur de disputes familiales, lorsque leurs parents proches ont compris que le film avait été diffusé, donc que les « autres » (entendons par cela les proches-éloignés : membres de la famille non avertis de leur histoire et voisinage) l'avaient visionné. C'est ce qui est arrivé à Josza et Emmanuel Anjembe qui ont préféré ne plus trop diffuser *Les Princesses de Bossedi*, ainsi qu'à Alice Diop lorsque *La Sénégalaise et les Sénégauloises* a été diffusé au Sénégal *via* TV5 Monde, ou encore à Nadja Harek après la diffusion de *Ma famille entre deux terres* sur France 3.

Cet impact est lié à un certain rapport culturel à l'image. Les capacités de détachement entre ce qui est fictionnel et ce qui est réel, tout comme celui du rapport d'un tournage à la réception des images, ne sont jamais pris à la légère. Bien évidemment, ces précautions agacent tout documentariste considérant qu'une personne majeure acceptant d'être filmée connaît les conséquences de son acte : la diffusion. Pour autant, les familles filmées qui rejettent un film auquel elles ont participé vivent souvent la diffusion comme une double trahison : se servant du lien familial qui les unit, le cinéaste les aurait manipulées en les faisant parler de leur intimité et, comble du comble, en projetant leur parole, celle-ci aurait été largement confiée et diffusée sur la place publique !

Partager publiquement une réflexion basée sur de l'intime est donc quelque chose de très complexe. Car le cinéaste doit à la fois convaincre son entourage de participer au film, extraire de ses témoignages la partie brute de son propos, puis justifier ses choix auprès de diffuseurs qui n'ont souvent ni les codes ni la perception des enjeux qui sont mobilisés par ces films. De plus, le conflit généré entre un cinéaste et sa famille à l'occasion de la diffusion d'un film qu'il a réalisé interroge sa condition même de cinéaste, puisque son travail est remis en cause par ceux dont il aimerait (généralement) le soutien.

La question de l'héritage familial se retrouve aussi dans les fictions de la Double Vague. Ainsi Mohamed Hamidi, benjamin d'une famille de neuf enfants, fils d'un ouvrier et d'une mère au foyer algériens de Bondy, a vécu avec un père ayant toujours eu l'espoir de retourner un jour au pays. D'abord professeur, puis co-fondateur du *Bondy Blog* et metteur en scène des spectacles de Jamel Debbouze, il a écrit un récit familial, *Né quelque part*, dont il a ensuite tiré son premier long-métrage.

> Mon père était malade quand j'ai commencé à écrire. Je me suis rendu compte qu'il avait construit une baraque énorme avec l'argent qu'il avait récolté pendant quarante ans de boulot chez Peugeot [...]. J'ai voulu à tout prix y aller. Je n'étais pas allé en Algérie depuis plus de vingt ans et quand j'y suis allé, j'ai vu mes cousins, mes oncles, mes tantes, qui étaient tous restés là-bas ou presque. En voyant les enfants, je me suis dit : « Purée, si mon père n'était pas parti, on aurait très bien pu avoir une vie galère ». C'est pour ça que je me suis demandé ce qui se passerait aujourd'hui si on inversait les rôles. Il est évident que je n'aurais pas écouté les Beatles, que je ne serais pas allé à la bibliothèque emprunter *Le Rouge et le Noir* à douze ans...

Tourné entre la France et le Maroc, *Né quelque part* raconte le voyage en Algérie d'un fils (Tewfik Jellab) tentant d'empêcher la démolition de la maison construite par son père. Retrouvant sa famille paternelle, il se fait voler ses papiers par son cousin (Jamel Debbouze) rêvant de vivre en

France. En abordant les déboires d'un français tentant de regagner son pays, Mohamed Hamidi traite avec finesse la question de la migration, de la double culture et de la filiation. La trajectoire inversée abordée par le film (de l'Algérie vers la France) est également le sujet de son second long-métrage, *La Vache*, sorti en 2016.

Claire DIAO
Journaliste

BIBLIOGRAPHIE

Diao Claire, 2017, *Double Vague, le nouveau souffle du cinéma français*, Paris, Au Diable Vauvert.

FILMOGRAPHIE

Adel Soufiane, 2014, *Go Forth*, France
Anjembe Josza & Emmanuel, 2013, *Les Princesses de Bossedi*, France
Benguigui Yamina, 1998, *Mémoires d'immigrés*, France
Diop Alice, 2005, *Les Sénégalaises et la Sénégauloise*, France
Djaïdani Rachid, 2011, *Une heure avant la datte*, France
Hamidi Mohamed, 2013, *Né quelque part*, France
Hamidi Mohamed, 2016, *La Vache*, France
Harek Nadja, 2015, *Ma famille entre deux terres*, France
Saïd Abdallah Badroudine, 2016, *Le Grand Mariage*, France
Scorsese Martin, 1974, *Italianamerican*, États-Unis

QUI FAIT LA FRANCE?

Reconstructing French Identity in Louiza Benrezzak's *Terre Mère*

Over a decade ago, Tunisian writer Albert Memmi claimed that there is still "work to be done in describing the interaction between former colonizers and the formerly colonized"[1]. Since the 1980s, France has struggled with a rapidly-changing population that is challenging the nation's myth of secular and egalitarian Republicanism and social, cultural and political integration. The Franco-North African community is the largest ethnic minority in an increasingly ethnically diverse France, and it has produced activists, writers, artists and filmmakers prepared to challenge the French *status quo* in pursuit of more equitable treatment than that shown to their parents. Mounting police violence and racist attacks against "Arabes de France" in the 1980s led increasingly frustrated North African-descended youth to begin organizing cultural events and demonstrations, a turning point in the sociopolitical consciousness and cultural production for the new generation.

In this essay, I will explore possible modes of filmic self-representation and constructions of identity within a system ill-equipped for census reporting or vocabulary descriptors beyond the two categories of "French or foreign"[2]. These categories, argues Caroline Trouillet, are constructed according to specific historical, social and economic contexts and the politics of hospitality[3]. These categories or labels are built to be static and fixed, with spaces and distances set up in Manichean fashion between "French" and "not really French" and "immigrant" and "not

1 Memmi, Albert, *Decolonization and the Decolonized*, Translated by R. Bononno, Minneapolis / London, University of Minnesota Press, 2006, p. xiii.

2 Reeck, Laura, *Writerly Identities in Beur Fiction and Beyond*, Lanham, Lexington Books, 2011, p. 3.

3 Trouillet, Caroline, "Les dérives sémantiques de l'immigration", *Africultures, La Marche en héritage*, n° 97, 2014, p. 83-93, p. 84.

really immigrant." The spatial and social segregation created by these polarities forces occupants back into static spaces of ethnic origin and sets up the desired category of belonging ("appartenance" as a "Français de souche") to the French nation as the immigrant's ("Français issus de l'immigration") ultimate achievement[4]. By the mid-1980s, however, the descendants of North African immigrants began to force a reassessment of established forms of French republicanism for the whole nation and to advocate that "all live together with our differences"[5].

More specifically, the essay will analyze the ways in which North African-descended French filmmaker Louiza Benrezzak cinematically portrays her complex relationship with European society, culture and history. Benrezzak's 2015 performative documentary, *Terre Mère*, reflects issues of citizenship and belonging and fundamental human rights in both life and death as she stages her own funeral as a Muslim in France to investigate the ultimate form of integration through disintegration of one's body in one's new home – the cemetery. I contend that her film (like many others) underscores that "place and origin are no longer exclusive markers of identity, even if they still play vital roles in many people's self-reading"[6]. Identity is a state of mind that often manifests as a performative act or journey.

CINEMATIC BACKGROUND AND MODES OF EXPRESSION IN CONSTRUCTING IDENTITIES

Following WWII, immigration from the Maghreb resulted in the creation of France's largest minority population and family-based immigration resulted in North African family groups whose descendants would be "French by birth and external cultural situation and North African by heritage and family ties"[7]. Alison Levine has argued that

4 *Ibid.*, p. 84.

5 Reeck, Laura, *Writerly Identities in Beur Fiction and Beyond*, *op. cit.*, p. 2-5.

6 Eze, Chielozona, "Rethinking African Culture and Identity: the Afropolitan Model", *Journal of African Cultural Studies*, vol. 26, n° 2, 2014, p. 234-247, p. 238.

7 Levine, Alison J. Murray, "Mapping Beur Cinema in the New Millennium", *Journal of Film and Video*, vol. 60, n° 3-4, 2008, p. 42-59, p. 43-44.

the housing policies employed by many cities in France have resulted in a form of "topographical segregation" that has slowed the process of assimilation "into mainstream (French) society"[8]. Generally housed in outlying suburban areas, and "designated by various French euphemisms such as ZUP *(zones à urbaniser en priorité)* or ZUS *(zones urbaines sensibles)*," these developments concentrated immigrants in specific areas, creating a seeming separation between racial groups but also enforcing a strong sense of self-identification within such immigrant groups[9]. Carrie Tarr supports such an interpretation, suggesting that the second generation found themselves negotiating the space between their French educations (and enforcement of French cultural values) and their elders who "continued to practice their own language, customs and religion (Islam)"[10]. Plagued by high unemployment and crime and raised with "higher expectations than their parents of their future role in French society," this generation would produce activists, writers, artists and filmmakers prepared to challenge the French *status quo* in pursuit of more equitable treatment than that shown to their parents[11]. Nadia Kiwan has shown that in contemporary France from 2002 to 2005, cultural discrimination is more of a determining factor in higher unemployment trends of Algerian-origin youth than those of other cultural groups because of lingering memories of the Algerian War of Independence as well as a general discomfort with Islamic cultures[12].

While the 1970s saw a rise in racist attacks and murders of North African immigrants and the founding in 1972 of the *Front National*, a populist, anti-immigrant nationalist political party, the early 1980s witnessed an increase in police brutality and killings of North African youth. By the 1980s, the second generation of North African immigrants "came to be known by the neologism "*Beurs*"; following the paradigm of the French back-slang *verlan*, *arabe* inverted, with an apocope"[13]. The

8 *Ibid.*, *p.* 42-43.

9 *Ibid.*, *p.* 42-43.

10 Tarr, Carrie, *Reframing Difference: Beur and Banlieue Filmmaking in France*, Manchester, Manchester University Press, 2005, p. 27.

11 *Ibid.*, p. 27.

12 Kiwan, Nadia, "Equal Opportunities and Republican Revival: Post-Migrant Politics in Contemporary France (2002-2005)", *International Journal of Francophone Studies*, vol. 10, n° 1-2, 2007, p. 157.

13 Levine, Alison J. Murray, "Mapping Beur Cinema in the New Millennium", *op. cit.*, p. 44.

neologism provoked a number of permutations such as "beurgoisie" and "Beurette"[14]. The labels have been asserted, co-opted and then resisted by writers and cultural producers as mainstream media and political entities appropriate these designations: "immigrant born in France," "écrivain de banlieue," Beur, post-Beur. "*Beur*" and "*banlieue*" cinema came into prominence during this time starting with short films and documentaries produced in artisanal conditions outside normal production and distribution circuits[15]. In 1985, with the sponsorship of renowned filmmaker Costa-Gavras, Mehdi Charef produced the award-winning feature film, *Thé au harem d'Archimède*. This led the way for an explosion of films, bringing North African immigrant and second-generation experiences to the world. By the late 1980s, the *Beur* movement splintered into factions due to differing opinions on the best model to follow: French republican integration or multiculturalism[16].

Beur and *banlieue* cultural production brought world attention to a form or mode of literary and cinematic expression but it also resulted in entrenched labels which served to gloss over religious, ethnic and national differences leading many to understand the community as homogenous. One unifying factor, however, among these practitioners is that experiences were being expressed from within immigrant communities and *via* perspectives on the French society that were unavailable elsewhere in mainstream venues[17]. Dominic Thomas has suggested that a major concern of *beur* cultural production initially was the representation of "bi-cultural upbringing" as well as the place of Islam and Frenchness in French society[18]. The focus on issues of belonging would complicate relationships as second generation French citizens must negotiate both their parents' cultural heritage and their own French citizenship status[19]. Rather than homogenous, the experiences are multiple and are not simply about the impoverished suburbs, but are about ways of

14 Reeck, Laura, *Writerly Identities in Beur Fiction and Beyond*, *op. cit.*, p. 19.

15 Tarr, Carrie, *Reframing Difference: Beur and Banlieue Filmmaking in France*, *op. cit.*, p. 10.

16 Reeck, Laura, *Writerly Identities in Beur Fiction and Beyond*, *op. cit.*, p. 6.

17 Thomas, Dominic, "Documenting the Periphery: The Short Films of Faïza Guène", *French Forum*, vol. 35, nº 2-3, 2010, p. 191-208, p. 192.

18 *Ibid.*, p. 192.

19 Gavarini, Jehanne-Marie, "*Cité's* Architectural, Linguistic and Cinematic Frontiers in *L'Esquive*", in éd. R. Merivirta, K. Ahonen, H. Mulari, R. Mähkä, *Frontiers of Screen History: Imagining European Borders in Cinema, 1945-2010*, Bristol / Chicago, Intellect / University of Chicago Press, 2013, p. 155-173, p. 165.

transcending periphery spaces to occupy centre stage. Furthermore, the appellation, "banlieue" infers "outsider" existing on the fringes of something. Contemporary cultural practitioners look to centre their experiences and identities, not on the borders of something, but wholly and completely within French space. This space must accommodate the "double-belonging" of their bi-cultural upbringings, but it must also allow for exploration of its interstitial properties for true integration to occur.

Peter J. Bloom[20] and Mireille Rosello and Richard Bjornson[21] argue for a revisiting of questions of space to provide the most fruitful analyses of immigrant-descended cinema. They borrow Homi Bhabha's notion of "third space" to transcend colonial binarisms. Both Rosello and Bloom contend that filmmakers evoke topographic articulations of space as evidenced through journeys, borders, boundaries, walls, and architecture. These are structuring metaphors that are staged through the mise-en-scene of poetic realism or the frantic camera of montage aesthetics to depict changing identity positioning of North African-descended cinema within the larger parameters of French cinema. For example, in his 2013 film *Fièvres / Fevers*, Hicham Ayouch shoots many scenes in closed form, using blue and grey filters, with characters trapped in bleak prison-like spaces between the vertical lines of the HLM (*habitation à loyer modéré*, i.e. low rent housing) buildings, but often reframes to link the character space of father and son as they begin the process of bonding and exploring difference in a space beyond the binary.

In his influential work on "accented cinema," Hamid Naficy describes how films, made by the generation of directors who have grown up in the *banlieues* or are descendants of immigrants to France, evoke an "accented style" which arises from feelings of displacement and an inherent sense of memory of "the traditions of exilic and diasporic cultural productions that preceded them"[22]. The filmmakers acquire two sets of voices from their heritage and lived experiences. Such an approach

20 Bloom, Peter J., "The State of French Cultural Exceptionalism: the 2005 Uprisings and the Politics of Visibility", *Frenchness and the African Diaspora: Identity and Uprising in Comtemporary France*, in Charles Tshimanga, Didier Gondola, Peter J. Bloom (éds.), Bloomington / Indianapolis, Indiana University Press, 2009, p. 227-247.

21 Rosello, Mireille, Richard, Bjornson, "The 'Beur Nation': Towards a Theory of 'Departenance", *Research in African Literatures*, vol. 24, n° 3, 1993, p. 14-24.

22 Naficy, Hamid, *An Accented Cinema: Exilic and Diasporic Filmmaking*, *op. cit.*, p. 22.

is driven by aesthetic and narrative ingenuity, including "self-reflexivity and autobiographical inscription, historicity, epistolarity" and "multilinguality" and "resistance to closure"[23]. According to Naficy, spaces of mobility and transition are paramount—borders, train stations, seascapes, airports—, as are tropes of journey. He contends that "journeys of identity" are "the most important" and go beyond the mere physical to the "deeply psychological and philosophical" becoming "a performance of identity"[24].

For Laura Reeck, performing identity is inextricably linked to performing authorship. In discussing the films of French author and filmmaker Rachid Djaïdani, she maintains that knowledge, experience and personal histories are "embodied" within the performative documentary mode originally outlined by Bill Nichols[25]. Presentation of the world as experienced and lived in by the filmmaker is determined by a cinematic style that is defined as more subjective and akin to fiction filmmaking than objective. Through subjective camera work and editing, the filmmaker makes her or his subject position known to the viewer, even drawing the viewer into the narrative quest in some cases. Unlike the observational mode of documentary, in which the omniscient narrator is disconnected from the subject matter in an attempt to convince the viewer of its historical accuracy, in performative documentary emotive connection to the subject matter is as important as exposing hard facts. Nichols has argued that the self-reflexive role played by the filmmaker in performative documentaries works to generate tension between "the embodied and disembodied. This suggests that while performative documentary might possess historical grounding, the aesthetic goal is not to provide a description of history, but rather an evocation of it"[26]. This is clearly the case of Fatima Sissani's 2011 feature-length performative documentary, *La Langue de Zahra*, about which she has declared, "*Ce n'est pas un film sur ma mère, c'est un documentaire sur l'émigration à travers l'histoire de ma mère*"[27]. The film is not about choosing between France

23 *Ibid.*, p. 131.

24 *Ibid.*, p. 5-6.

25 Reeck, Laura, *Writerly Identities in Beur Fiction and Beyond*, *op. cit.*, p. 141.

26 Nichols, Bill, *Blurred Boundaries: Questions of Meaning in Contemporary Culture*, Bloomington / Indianapolis, Indiana University Press, 1994, p. 100.

27 Addar, Djamila, "Le Kabyle : la langue de Zahra", *berberes.com*, <www.berberes.com/index.php?option=com_content&view=article&id=3414:le-kabyle-la-langue-de-zahra&catid=41:-

and Algeria, and it does not seek to hybridize cultures, rather, it explores new possible ways of looking at questions of minority language (kabyle), culture and identity that could potentially greatly contribute to our understanding of history and histories as living documents.

Performing authorship means taking responsibility for the construction of one's identity and destiny and enterprising cultural practitioners would indeed take matters into their own hands in order to demonstrate that change would have to come from within. For example, in 2007, a collective of *banlieue* artists known as *Qui fait la France ?*, fed up with being "acted upon" by French society, published a manifesto stating: "*nous refusons de demeurer spectateurs des souffrances dont sont victimes les plus fragiles, les déclassés, les invisibles*"[28]. Dominic Thomas writes that one of the collective's main objectives, at the time, was to call out imposed inaccurate stereotypes of the *banlieues*[29]. The collective also strove to centre their artistic expression firmly within French space rather than on the fringes of society looking in. This positioning, along with the stated desire that all rights and privileges of the Republic be equally applied to all French citizens, was not meant as a homogenizing gesture. It would underscore what author Mohamed Razane would describe as "different readings of the world"[30]. It would serve to open up spaces and allow a new generation to create their individual inflections of "Frenchness" while also engaging with migration and globalization, thus allowing for the flourishing of a whole new state of mind.

THE FINAL JOURNEY – A PERFORMANCE OF IDENTITY

It is this state of mind that Louiza Benrezzak explores in her debut film *Terre Mère* (2015, 52'). Her authorial method is an innovative blending of the autobiographical, performative, fiction and documentary. She creates delocalized, fluid spaces in which character identities are

culture&Itemid=62>, 2012, consulté le 20 mars 2014.

28 Thomas, Dominic, "Documenting the Periphery: The Short Films of Faïza Guène", *op. cit.*, p. 195-196.

29 *Ibid.*, p. 195.

30 Reeck, Laura, *Writerly Identities in Beur Fiction and Beyond*, *op. cit.*, p. 174.

shaped by selective and multiple affinities to colonial culture, ancestral culture, and adopted cultures. Identities are no longer constructed in opposition to, or in reaction to, another force, but are highly-inflected with openness to diversity and dialogue. Benrezzak, who identifies herself as a French *and* (emphasis mine) Algerian filmmaker, explores this ideological terrain even further in her current documentary film project, *Trace(s)* which she is shooting in Paris and which she describes as a patchwork film in which "several artists explore the notion of territory and creative expression"[31].

Born in France in Chaumont (Haute-Marne) to parents of Algerian origin who immigrated to France, Benrezzak's youth was a cosmopolitan one. She lived for five years in Prague and three years in Iceland. She studied contemporary history and the rise of fascism in the 1930s. She has worked as an author, journalist, consultant and filmmaker. She co-founded the not-for-profit, *L'Asso du Phoenix*, which much like the *Qui fait la France ?* collective, is:

> [...] an association whose mandate is to promote participatory art projects focussing on notions of citizenship and reconciliation and living together within the founding principles of the Republic")[32].

The subtitle of *Terre Mère* could very well be "*Le dernier voyage* / The Final Journey", as she describes it on the Asso website:

> One calls it this without realizing that everyday many bodies travel hundreds of kilometres by plane or by boat. For deceased immigrants, repatriation is customary, or it is the deceased's last wish that his or her close relations try to respect. But what about for their children born in France?[33]

31 ("avec la participation de nombreux artistes sur la notion de territoire et sur l'acte créatif") L'Asso du Phoenix, 2018, *Facebook*, <www.facebook.com/pg/lassoduphoenix/about/?ref=page_internal>, visited on 19th February 2018.

32 L'Asso du Phoenix, 2018, *Facebook*, <www.facebook.com/pg/lassoduphoenix/about/?ref=page_internal>, visited on 19th February 2018. ("...une association qui a pour but de fédérer les gens autour de projets artistiques et participatifs. Ses projets s'inscrivent fortement dans une démarche citoyenne et de réconciliation autour des principes fondateurs de la République et du vivre ensemble").

33 Personal conversation by email, 19th February 2018. ("On l'appelle ainsi, sans se rendre compte que quotidiennement de nombreux corps parcourent des centaines de kilomètres par avion ou par bateau. Pour les immigrés décédés, le retour au pays se fait par coutume, ou par la volonté du défunt que les proches s'efforceront de respecter. Qu'en est-il pour leurs enfants nés en France ?").

She sets off on her quest and undertakes a fictive journey as a corpse and explores her options for burial in the Chaumont cemetery and in the family plot in the Béni-Saf cemetery in Algeria. This is her personal story, but it is also the story of many others. Like other accented films, it is built on "a set of personal and social experiences" and is both an individual and collective story[34]. Her journey can be interpreted in many different ways and although it is about Benrezzak's search for a final resting place, it is also a debate about identity, a debate in which the filmmaker invites the viewer to participate.

Benrezzak joins the ranks of other accented filmmakers such as Yamina Benguigui, Samia Chala and Fatima Sissani who document aspects of double-belonging and the construction of identities in their films. Leslie Kealhofer-Kemp has argued that Yamina Benguigui's monumental feature documentary, *Mémoires d'immigrés, l'héritage maghrébin* (1997) foregrounds a collective memory of North African immigration to France and that several documentaries by Fatima Sissani, Djamila Sfaxi, Soraya Nini, Yasmina Kherfi and Rahma Benhamou El Madani that follow this pioneering work, still refer to the collective experience but focus more specifically on "the memories and experiences of the directors' mothers, thus problematizing the very idea that there exists a collective trajectory or set of experiences with regard to Maghrebi migrants in France"[35]. More recent work than that discussed by Kealhofer-Kemp provides interesting points of comparison to *Terre Mère* on the treatment of identity construction in present-day France. Benguigui's *Le Plafond de verre* (2004) focuses on employment discrimination faced by young French college graduates who are immigrant-descended. Benguigui draws on the documentary form she employed in *Mémoires d'immigrés* and intercuts close-up shot interviews of youth and other experts with archival footage of key moments in human rights activism and archival photographs of the interviewees, which then act as reference points and historical support to the content of the interviews. Samia Chala's 2013 performative documentary, *Madame la France, ma mère et moi*, falls more clearly in line with the performative stylistic choices made in *Terre Mère.*

34 Naficy, Hamid, *An Accented Cinema: Exilic and Diasporic Filmmaking*, *op. cit.*, p. 26.

35 Kealhofer-Kemp, Leslie2013, "Mothers, daughters, and the transmission of memory in documentaries directed by women of Maghrebi origin in France", *Studies in French Cinema*, vol. 13, n° 3, p. 227-240, p. 229.

In her film, Chala narrates her double-belonging through her own voice-over. Following two static shots of the Marianne statue, Chala is framed in extreme-high angle, seemingly crushed into the wooden floor as she looks up at the statue and begins her narration: "Madame la France, this film is the story of our encounter"[36].

She goes on to state that they have lived together for almost twenty years and that her story is similar to those of other *"Arabes de France."* And although the collective experience of Maghrebi women being stereotyped in France is an important aspect of the film, Chala's personal journey stands out. For example, in a scene in which she dons a veil and gazes at herself in a mirror, the two gazes lock in a medium close up shot as France's national anthem, *"La Marseillaise,"* plays on the soundtrack, underscoring the irony and futility of trying to separate out "authentic" French and Algerian facets of her identity.

Benrezzak's film stands apart from these earlier works through its thematic content (which is less concerned about describing discrimination than earlier works) as well as its use of both the documentary form and narrative mode of docu-fiction. The strategy of creating a hybrid between documentary and fiction allows for viewer participation and engagement with those elements of representation they feel most comfortable with[37]. Mediating truth becomes a joint project between filmmaker and spectator. Benrezzak stages events and scenes, most notably her "death" and repatriation to Algeria, and her exploration of cemeteries in France, but also films witnesses explaining the process of repatriation of a deceased person and her friends musing about their identities and final wishes for their own burials.

The film begins with an extreme close-up shot of a man talking on a telephone, "One metre, eighty-three centimetres? Was he bulky?[38]" His voice-over continues over long shots of the Canal Saint-Martin area of the 10th *arrondissement* in Paris. We later learn that this is Ahmed Bencheikh, director of a Muslim funeral home in this neighborhood where Benrezzak lived for five years during the filming of *Terre Mère.* Traditionally a working-class area of Paris inhabited by many immigrants,

---

36 Original quote: "Madame la France, ce film est l'histoire de notre rencontre".

37 Landesman, Ohad, "Lying to Be Real: The Aesthetics of Ambiguity in Docufictions", ed. D. Marcus, S. Kara, *Contemporary Documentary*, Oxon / New York, Routledge, 2016, p. 9-25, p. 9.

38 Original quote: "Un mètre, quatre-vingt-trois ?! Est-ce qu'il était fort de taille ?".

it also includes the Place de la République with its statue of Marianne, the personification of French republicanism and the three statues surrounding it symbolizing liberty, equality and fraternity. Benrezzak's voice-over eventually provides clarification for the action that has unfolded so far, "just as you have to find the right shoe for your foot, you have to also find the right coffin to fit your body.[39]"

FIG. 1 – Benrezzak gazing across the sea.

We get our first glimpse of Benrezzak in a medium shot as she stands with her back to the camera, gazing out at the sea as her voice-over continues, "once while visiting the village cemetery during a vacation in Algeria, my father told me that that he will be buried there, beside his father"[40]. The next shot is a beautifully-framed long shot of what appears to be the Béni-Saf cemetery in Algeria.[41] Presented in a framed pictorial perspective with trees casing the left and right borders of the frame, this shot, in deep focus, demonstrates the centrality of Islam to

39 Original quote: "comme on trouve chaussure à son pied, il faut chercher un cercueil à sa taille".

40 Original quote: "un jour ordinaire de vacances en Algérie en visite au cimetière du village, mon père me dit que c'est ici qu'il sera enterré auprès de son père".

41 Benrezzak was not able to film in Algeria and shot all the North African footage in Casablanca. The images are meant to evoke Algeria (email conversation with Benrezzak, February 19, 2018).

Benrezzak's quest and identity. Graves occupy the foreground and the village mosque is in the background perfectly centered in the frame between the two trees in the foreground. Leaves rustle as the call to prayer is heard faintly in the background. Benrezzak's voice-over continues, "Right away, I think of my own situation.[42]"

FIG. 2 – A family cemetery in Casablanca, Morocco, similar to that of the family plot in Béni Saf, Algeria.

This bucolic setting is abruptly disrupted by a blunt cut that shifts the image to a medium-long shot of a dilapidated garden hut surrounded by lush vegetation as an elderly man exits the hut and washes his hands in a large rain barrel. The viewer would logically believe this image to be related to the image of the Muslim cemetery. However, the use of jump cuts and Benrezzak's continuing monologue introduce a nagging doubt:

> In my imagination as a young girl, I'm afraid the spirits won't let me return to Algeria. I, who was born in France. My father tried hard to reassure me that the spirits speak all languages, but I'm not convinced by his answer. I wonder what mystery is hidden beneath my identity[43].

42 Original quote : "Immédiatement, je pense à mon propre cas".

43 Original quote: "Dans mon imaginaire de petite fille, j'ai peur que les esprits ne me laissent pas rentrer en Algérie. Moi, qui suis née en France. Mon père aura beau me dire

The image transitions abruptly back to shots of Canal Saint-Martin as the opening credits are superimposed, "Terre Mère… un film de Louiza Benrezzak/Motherland… a film by Louiza Benrezzak."

In the first three minutes of the film, Benrezzak shares with the viewer much of the landscape that has defined her life both in France and in Algeria. As Benrezzak performs her quest within these landscapes, they become characters interacting with the protagonist throughout the narrative. As she leans against her coffin on a small foot bridge over the Canal Saint-Martin, she declares: I'm going to leave on the journey following my own deceased body,[44]" and she begins her quest.

FIG. 3 – Benrezzak posing with her coffin on Canal Saint-Martin, Paris.

She describes how her generation works hard to become homeowners but is not really thinking about the logistics of organizing their final resting places. In fact, she cannot recall any Muslim steles in her home village cemetery. Where is everyone, she muses? She thus decides to embark on a parallel quest concerning her own roots and identity, and

que les esprits parlent toutes les langues, mais je ne suis pas convaincue par sa réponse. Je me demande quel mystère se cache derrière mon identité".

44 Original quote: "Je vais partir en voyage sur les traces de mon propre cadavre".

consults three friends who are all North African-descended like Benrezzak in order to get their opinions. Witness accounts by Émile, Kader and Sonia are woven into the fabric of the film at various intervals and accompany Benrezzak throughout her journey. Émile's father was born in Issy Lévèque in the Morvan region of France and his mother was born in Hammam-Bouhadjar, not far from Oran in Algeria. His parents and grandparents have discussed repatriation of their bodies, but he has never been interested in the topic. Sonia discloses that one side of her family fought for France during the Algerian War of Independence while the other side fought for Algeria, and this always made for heated discussions during family dinners. Kader's father belonged to the "*Amicale des Algériens*" which, among other things, had as its mission to facilitate the repatriation of deceased Algerians from Europe to Algeria. He acknowledges that he is a mixture of cultures but considers himself a French Muslim and wants to be buried in France, but not with a Christian cross or in a box. He wants his body to decompose in the earth and give back nutrients to nature. Both Sonia and Émile opt for cremation: Sonia wants to be close to her parents and Émile wants his ashes scattered in both France and Algeria, so they can wander.[45]" They all conclude that reflecting on their final journey has forced them to think about their identities in life.

Interestingly, although the three friends speak directly to the camera, Benrezzak never directly addresses the audience; we never see her face. Her voice-over provides the performative anchor, the "narrative thread" making it embodied, because it is Benrezzak providing the knowledge through commentary, but also disembodied rather than absent, from a specific subject position. She is therefore able to locate her quest in accented, interstitial spaces such as the shots of her looking out over the sea which punctuate the film in several places. The second time this shot occurs after the opening credits, Benrezzak muses in voice-over, "*Mes parents viennnent donc de là-bas, et moi, je suis née ici*[46]" This statement does not set up a binarism of here and there. Rather, it works together with accented cinema's imperative to deterritorialize spaces and journeys. With *Terre Mère*, it also functions to deterritorialize identity and promote choice. The children of Algerian immigrants have viewed integration as an aspect of the French colonial policy their parents endured because

45 Original quote: "pour que ça se balade".
46 Original quote: "my parents come from there, and me, I was born here".

they had no choice. The new generation looks to protect their own individuality, but also take part in universalism, as French citizens. This double belonging, termed "double-imperative" by Laura Reeck, has significant ramifications for republicanism and "*qui fait la France ?*"[47]

In *Terre Mère*, Benrezzak explores the socio-philosophic, religious and organizational issues around repatriating one's body to Algeria. But this is presented as one of several options. She also visits, by gliding ephemerally in and out of shots, her hometown cemetery in Chaumont, the Colombey cemetery where Général de Gaulle and his family are buried, the first publicly owned cemetery in France reserved solely for Muslims which opened in Strasbourg in 2012 ("*est-ce qu'il y a de la place pour moi ?*", she asks rhetorically), and officials of the Mayor's offices in Strasbourg and Chaumont who explain the logistics of acquiring Muslim portions within conventional public French cemeteries open to persons of all religious faiths as well as atheists and agnostics. We learn that in France, national cemeteries are secular and the mayor authorizes the creation of faith-based plots. Other interesting bits of information and statistics are provided throughout the journey. For example, Benrezzak's body arrives to Algeria by plane and in a box for security and health reasons. Yet, as devout Muslims buried in their homeland, her ancestors would have been wrapped in a shroud and placed on their sides facing Mecca. The steles we see in the Béni-Saf cemetery are numbered and simple in appearance, in contrast with the Muslim steles in the French cemeteries which are more elaborately decorated, in contradiction to the hadiths of the prophet Mohammed in ancient Islam. This, however, is an interesting example of double-belonging or blending of cultures. Even in death, one can construct one's own identity.

One of Benrezzak's original goals was to initiate a debate around the issues presented in the film and screenings and debates have been held at venues such as the Centre Culturel Algérien in Paris in 2016 and at the Centre d'études ethniques des universités Montréalaises in the "*Morts en contexte de migration*" programme in 2017[48]. Near the end of the film, Benrezzak concludes that:

---

47 Reeck, Laura, *Writerly Identities in Beur Fiction and Beyond*, *op. cit.*, p. 6.

48 The issue of identity in death has become explosive in Quebec, especially after the Quebec City mosque shooting in January 2017 when the bodies of the majority of those killed were repatriated mainly to Algeria. In July 2017, a referendum was held concerning

> "Identity only exists in your head. That's why I can't situate it geographically. I don't know what the final destiny will be for the children of immigrants, but my own Republic is secular.[49]"

She glides into the frame from behind the camera and moves towards the gardener's hut that we saw at the beginning of the film. She enters the hut and the image shifts to a long shot of the gardener tending to his plants[50]. The camera pans left revealing the Viaduc de Chaumont in the background. Benrezzak is back in her "*terre-mère*" but not without conceding that today the concept of French national identity is ever-shifting and "blurry." Benrezzak's very interesting cinematic signature underscores this concept as the visual images are often shot in closed form, as in pictorial and architectural traditions, but with loose framing, allowing both characters and viewers space to construct and perform their own identities, strategies reminiscent of those employed by Hicham Ayouch and Rachid Djaïdani. The freedom to choose one's identity in life is also about the freedom to choose one's identity and final resting place in death.

Sheila PETTY[51]
University of Regina, Canada

---

the creation of a Muslim-owned and run cemetery in Saint-Apollinaire, Quebec in the Quebec City region. The proposal was defeated by a vote of 19 (against) to 16 (in favour).

49 Original quote: "L'identite n'existe pas autrement que mentalement. Voilà pourquoi je n'arrive pas à la situer géographiquement. Je ne sais pas quel sera le destin identitaire des enfants d'immigrés, mais ma République à moi est laïque".

50 Benrezzak revealed to me in an email conversation that the gardener is her own father in his garden in Chaumont (February 19, 2018).

51 Special thanks to Louiza Benrezzak for her kind assistance with images and background information. Thanks also go to the Social Sciences and Humanities Research Council of Canada for sponsoring the research for this article and to Brahim Benbouazza for his advice.

BIBLIOGRAPHY

Addar Djamila, 2012, "Le Kabyle : la langue de Zahra", *berberes.com*, <www.berberes.com/index.php?option=com_content&view=article&id=3414:le-kabyle-la-langue-de-zahra&catid=41:culture&Itemid=62>, accessed March 20, 2014.

Bhabha Homi, 1994, *The Location of Culture*, London / New York, Routledge.

Bloom Peter J., 2009, "The State of French Cultural Exceptionalism: the 2005 Uprisings and the Politics of Visibility", *Frenchness and the African Diaspora : Identity and Uprising in Comtemporary France*, in Charles Tshimanga, Didier Gondola, Peter J. Bloom (eds.), Bloomington / Indianapolis, Indiana University Press, p. 227-247.

Bloom Peter, 1999, "Beur Cinema and the Politics of Location: French Immigration Politics and the Naming of a Film Movement", *Social Identities*, vol. 5, n° 4, p. 469-487.

Eze Chielozona, 2014, "Rethinking African culture and identity: the Afropolitan model", *Journal of African Cultural Studies*, vol. 26, n° 2, p. 234-247.

Gavarini Jehanne-Marie, 2013, "The *Cité's* Architectural, Linguistic and Cinematic Frontiers in *L'Esquive*", in Raita Merivirta, Kimmo Ahonen, Heta Mulari, Rami Mähkä (eds.), *Frontiers of Screen History: Imagining European Borders in Cinema, 1945-2010*, Bristol / Chicago, Intellect / University of Chicago Press, p. 155-173.

KealhoferKEMP, Leslie, 2013, "Mothers, daughters, and the transmission of memory in documentaries directed by women of Maghrebi origin in France", *Studies in French Cinema*, vol. 13, n° 3, p. 227-240.

Kiwan Nadia, 2007, "Equal Opportunities and Republican Revival: Post-Migrant Politics in Contemporary France (2002-2005)", *International Journal of Francophone Studies*, vol. 10, n° 1-2, p. 157-172.

Landesman Ohad, 2016, "Lying to Be Real: The Aesthetics of Ambiguity in Docufictions", in Daniel Marcus, Selmin Kara (eds.), *Contemporary Documentary*, Oxon / New York, Routledge, p. 9-25.

Levine Alison J. Murray, 2008, "Mapping Beur Cinema in the New Millennium", *Journal of Film and Video*, vol. 60, n° 3-4, p. 42-59.

Memmi Albert, 2006, *Decolonization and the Decolonized*, Minneapolis / London, University of Minnesota Press.

Reeck Laura, 2011, *Writerly Identities in Beur Fiction and Beyond*, Lanham, Lexington Books.

Naficy Hamid, 1999, *Home, Exile, Homeland: Film, Media, and the Politics of Place*, New York / London, Routledge.
Naficy Hamid, 2001, *An Accented Cinema: Exilic and Diasporic Filmmaking*, Princeton, Princeton University Press.
Nichols Bill, 2001, *Introduction to Documentary*. Bloomington / Indianapolis, Indiana University Press.
Nichols Bill, 1994, *Blurred Boundaries: Questions of Meaning in Contemporary Culture*, Bloomington / Indianapolis, Indiana University Press.
Rosello Mireille, Richard Bjornson, 1993, "The 'Beur Nation': Towards a Theory of 'Departenance'", *Research in African Literatures*, vol. 24, n° 3, p. 14-24.
Tarr Carrie, 2005, *Reframing Difference: Beur and Banlieue Filmmaking in France*, Manchester, Manchester University Press.
Thomas Dominic, 2010, "Documenting the Periphery: The Short Films of Faïza Guène", *French Forum*, vol. 35, n° 2-3, p. 191-208.
Trouillet Caroline, 2014, "Les dérives sémantiques de l'immigration", *Africultures (La Marche en héritage)*, n° 97, p. 83-93.

FILMOGRAPHY

Ayouch Hicham, 2013, *Fièvres / Fevers*, Morocco / France.
Benrezzak Louiza, 2015, *Terre Mère*, France.
Charef Mehdi, 1985, *Thé au harem d'Archimède*, France.
Sissani Fatima, 2011, *La Langue de Zahra*, France.
Benguigui Yamina, 1997, *Mémoires d'immigrés, l'héritage maghrébin*, France.
Benguigui Yamina, 2004, *Le Plafond de verre*, France.
Chala Samia, 2013, *Madame la France, ma mère et moi*, France.

I AM NOT YOUR NEGRO BY RAOUL PECK

Crossing Spaces, Times, Audiences, and Genres

In the twenty-first century, studies of African cinema and its diaspora have grown more complex and sophisticated, adopting new methodological, critical, historical, and analytical perspectives. After decades of examining African cinema through an ideological agenda focused on fighting Eurocentrism and colonialism, finding a preserve for cinematic humanism, letting the subaltern speak, and emphasizing cultural and historical peculiarities, we are witnessing a new level of maturity and sophistication in the work of researchers and critics' understanding of old and contemporary works. As Aboubakar Sanogo, professor of Film Studies at Carlton University, noted in 2015: "This indeed is the age of the proliferation of objects and a multiplication of discourses that seek to keep pace with developments in a field in perpetual motion. The debates that rage in African cinema and media encompass the fields of the theoretical, the historiographic, and the critical, and indeed include the question of the articulation of the cultural, the political, and the economical"[1].

In light of the increasing convolutions of an interconnected world, where the growing equality gap between citizens and those in a lifelong state of exception can no longer be concealed, recognizing the utility of such concepts as mobility and flux, it is time to widen the range of disciplines invoked to better grasp certain works of art. Hence, disciplinary crossing has become the focal point for a number of popular and academic articles, dissertations, and monographs in the cinema field. It is particularly fruitful in confronting complex works like the documentary *I Am Not Your Negro* (*IANYN*, 2016), as well as the life and filmography of its director, Raoul Peck (Port-au-Prince, 1953), whose position has often eluded the grasp of critics and the academy. The relative scarcity

1 Sanogo, Aboubakarr, "In Focus: Studying African Cinema and Media Today", *Cinema Journal. The Journal for The Society for Cinema & Media Studies*, Winter 2015, vol. 45, n° 2, 2015, p. 114.

of Caribbean cinema and scholarship covering it, added to Peck's deep involvement with African and African-American subjects, has led the Haitian-born to be folded into the category of black directors in general, or African Diasporic directors specifically. His Caribbean identity, his varied oeuvre, and his diverse institutional affiliations have enabled him to cut across labels and classifications, showing how, in the words of Édouard Glissant: "in the world of cross-cultural relationships, which takes over from the homogeneity of the single culture, to accept this opaqueness – that is, the irreducible density of the other – is to truly accomplish, through diversity, a human objective. Humanity is perhaps not the 'image of man' but today the ever growing network of recognized opaque structures"[2].

Drawing on formal analysis, personal experiences, Black, Caribbean, and diaspora studies, and the intertwined roles of history, economy and power, each of Peck's movies mobilizes an array of disciplines while inevitably preserving a degree of opacity. This is exemplified in *IANYN*, which has brought him long-deserved prominence in the international cinema world. Shifting among disciplines, spaces, references, and concepts integrates personal experience into the collective socio-historical context, which in turn generates a framework for self-examination; this in turn offers new perspectives on a multiform body of work often difficult to grasp as a whole.

Mixing, crossing, and hybridization have been characteristic of the production of African and diaspora directors since the sixties, and have aided in the re-definition of genres rendered ideologically suspect by Western critics, academics, and programmers[3]. Moreover, the nomadic experience common to such pioneering directors as Ousmane Sembène, Souleymane Cissé, Haile Gerima and Med Hondo continues in the following generation of Abderrahmane Sissako, Mahamat-Saleh Haroun, Raoul Peck, and Jean-Marie Teno, and is likewise prominent among the current crop of filmmakers, who move between continents at ease.

2 Cullen, Deborah, Fuentes, Elvis, *Caribbean Art at the Crossroads of the World*, New York, New Haven / London, El Museo del Barrio / Yale University Press, 2012, p. 387.

3 An example is the use of voice-over and first-person point of view in African documentaries, long and erroneously criticized as classical and derivative. See Manthia Diawara on "The I Narrator in Black Diaspora Documentary," where he reflects on this matter in Peck's *Lumumba. La mort d'un prophète* (1990), John Akomfrah's *Testament* (1988), and two films by Louis Massiah about the CORE group in Philadelphia.

Their principal motives are the educational opportunities available overseas, access to international coproduction funds, and the infrastructure and human networks offered by cities like New York, Paris, and Berlin. Their lives in the global metropolis, which put them in touch with global discourses and realities, have given rise to films "that present a more fruitful articulation of the tensions between the poetics of decolonization and its aftermath"[4]: features and documentaries that blend sociopolitical engagement with the popular appeal of emotional narratives and art.

RAOUL PECK: A TRI-CONTINENTAL CREOLE FILMMAKER

Raoul Peck is a prime example of this tendency, epitomizing seamlessly the situation of the African diaspora director and the Caribbean Black intellectual. His personal experience and his productions reveal incessant crossing between continents, references, philosophies, and histories, while his shifts from auteur to mainstream director of features and television series subvert the uncompromising division among Western cinephiles between art filmmakers and commercial ones. A Haitian by birth, raised in Africa and the West, he draws on the Caribbean as a geographical and theoretical *locus* for reflections on transnational experience past and present and global realities of today. From the dawn of the twentieth century, Caribbean writers, poets, and thinkers have sought to grasp the links between migration, slavery, racism, demographic change, the globalization of capital flows, and media representation, which have produced fertile cultural crossings but also environmental devastation and rampant inequality. In the 1930s, Aimé Césaire responded to these contradictions with a monolithic, Africanist conception of negritude; Édouard Glissant's *Antillanité* emphasized multiple heritages and counter-poetics in the seventies; this current passed into the *créolité* of Patrick Chamoiseau, Jean Bernabé, and Raphaël Confiant. In their manifesto "Éloge de la créolité" these three affirmed they were "Neither Europeans,

4 Adesokan, Akin, *Postcolonial Artists and Global Aesthetics*, Bloomington / Indianapolis, Indiana University Press, 2011, p. 109.

nor Africans, nor Asians, we proclaim ourselves to be Creoles. For us this will be a state of mind, or, rather, a state of vigilance, or, better still, a sort of mental envelope within which we will build our world, in full awareness of the world"[5]. This demanded "the annihilation of false universality, of monolinguism, of purity" for the sake of embarking on a "lyrical quest for a more fertile way of thinking, a juster expression, a truer aesthetics"[6]. This marks the entrance of language and culture into the "Tout-monde" Glissant describes[7].

All these imperatives are urgently present in the work of Raoul Peck. Colored by his deep consciousness of the world as lived in, his work and his personal and political interventions are the embodiment of *créolité*. Beyond his activity as director and professor of cinema at NYU's Tisch School of the Arts (1993-1995) and La FEMIS, an institution he has headed since 2010, Peck has engaged directly in politics as the Minister of Culture in Port-au-Prince (1996-1997), has headed cinema organizations in Haiti and France, has created the Fondation Forum Eldorado in Port-au-Prince, and has published a number of personal and theoretical texts[8].

Within the broader context of his work and life, *I Am Not Your Negro* (2016) is a declaration of principles and a call to action that has

5 Bernabé, Jean, Chamoiseau, Patrick, Confiant, Raphaël, *Éloge de la Créolité / In praise of Creolneess*, (édition bilingue), Paris, Hors série Littérature, Gallimard, 1993, p. 13.

6 *Ibid.*, p. 28.

7 From within Africa, the Senegalese economist Felwine Sarr has proposed a future "Africa-world," an Afrotopia devoted to "thinking, representing, and projecting" to fight centuries of colonization and alienation and create new, appurtenant metaphors based on both local and imported knowledge-systems that aim to improve the lot of individuals and communities. Drawing on anthropology, sociology, economics, and poetry, Saar advocates for a liberation of African men and women that will contribute to global development. Africa will not simply imitate, but will mark out new paths, and this imposes new responsibilities on artists and intellectuals in their respective fields of action. Saar has put his proposal into action in 2016 in the creation of *Les Ateliers de la Pensée* with Cameroonian philosopher Achille Mbembe and in his participation, at the behest of French President Emmanuel Macron, to present a report in conjunction with the French art historian Bénédicte Savoy, concerning which African artworks requisitioned by France under colonialism should be returned to the continent as representative of its patrimony. See <news.artnet.com/art-world/macron-repatriate-african-heritage-1238219>.

8 *Stolen Images: Lumumba and the early films of Raoul Peck* (New York, Seven Stories Press, 2012), a compilation of scripts; *Monsieur Le Ministre… Jusqu'au bout de la patience* (Haiti, Éditions Velvet, 2016), about his experience as a Minister of Culture in Haiti; and *I Am Not Your Negro* (New York, Vintage International, 2017), a companion volume for the movie of the same title for which Peck selected the texts and wrote the preface.

catapulted the director to international renown[9]. A popular and critical success, it has received numerous prizes and was nominated for an Oscar in 2016[10]. In it, Peck makes use of the words of one of his touchstones, the novelist and activist James Baldwin (1924-1987), as a "reaction to the world around me, to the wide world of ignorance," as he states in a conversation at Vanderbilt University in 2017. Elsewhere he writes: "Baldwin gave me a voice, gave me the words, gave me the rhetoric" and "helped me connect the story of a liberated nation, Haiti, and the story of the modern United States of America and its own painful and bloody legacy of slavery. I could connect the dots"[11].

The ability to bring together a range of histories and contexts is part and parcel of Peck's tri-continental identity, which encompasses America (the Caribbean, Haiti, and the United States), Africa (Congo), and Europe (France and Germany). At just eight years old, he moved with his mother and two siblings to Léopoldville, following the steps of his father, who had fled the Duvalier dictatorship and taken a position as an agronomist for the UN, filling a space left open by the departure of the Belgian administration. Years later, he would attend high school in Brooklyn, and would finish his studies in Orléans. He would leave France for Berlin, where he would study Economics and Industrial Engineering, abandoning a projected PhD in Development Strategies after the death of his dissertation advisor. For a year, he would work as a taxi driver in New York while writing the script for his first film, *Haitian Corner* (1998), and when he was accepted at the prestigious Berlin Academy of Film and Television (DFFB), he embarked on his

---

9 In academia, his significance had already been recognized in the monograph edited by Toni Pressley-Sanon and Sophie Saint-Just, *Raoul Peck. Power, Politics, and the Cinematic Imagination*, New York / London, Lexington Books, 2015, the most in-depth analysis of his filmography and cinematic praxis to date.

10 The presence of "black" themes and directors in the documentary section of the 2017 Oscars was historic – undoubtedly a reaction to the #Oscarssowhite campaign following the 2015 awards. Nominees included *13th*, Ava Duvernay, Spencer Averick, and Howard Barish's examination of the racist underpinnings of the American prison system; Gianfranco Rosi and Donatella Palermo's *Fire at Sea*, which investigates the realities of African and Middle Eastern emigrants on the island of Lampedusa; *I Am Not Your Negro*, and the winner, Ezra Edelman and Caroline Waterlow's *O.J: Made in America*, which analyzed race relations in America through the life of the famous NFL player. The only real thematic departure that year was Roger Williams and Julie Goldman's *Life Animated*, about the positive connections an autistic child establishes with Disney animated films.

11 Peck, Raoul, *I Am Not Your Negro*, New York, Vintage International, 2017, p. xii.

career as a director[12]. His political formation in Berlin before the fall of the wall, and his work as a journalist and photographer during those years, would leave visible traces in his subsequent work.

His filmography comprises four little-known experimental shorts (*Cuba me traigo un cantar*, 1982; *Burial*, 1983; *Leugt*, 1983; *Merry Christmas Deutschland*, 1984), five full-length features (*Haitian Corner*; *L'Homme sur les quais*, 1993; *Lumumba*, 2000; *Moloch Tropical*, 2009; *Meurtre à Pacot*, 2014), five documentaries (*Lumumba, la mort d'un prophète*, 1990; *Desounen, Dialogue avec la mort*, 1994; *Haïti, le silence des chiens*, 1994; *Le Profit et rien d'autre !*, 2001; *Assistance Mortelle*, 2013) two miniseries for French television (*L'affaire Villemin*, 2006 and *L'École du pouvoir*, 2007), and an HBO TV movie about the Rwandan genocide (*Sometimes in April*, 2004). His work crosses cinematic genres (melodrama, documentary, experimental essay, TV movie, biopic, series, historical drama) and venues (film festivals, art fairs, including *Documenta* in Kassel, and television). With his "multiple formal, structural, and esthetic approaches"[13], which yield poorly to simplification, he long remained an enigma for international critics. His work does bring into play a number of constants: power, political gamesmanship, the recuperation of historical omissions, death, bodily trauma, memory, the relations between the West and the rest of the world – particularly Africa and its diaspora – the reality of Haiti, the inexorable progress of late capitalism, the critique of development schemes in the Third World, and provocation as a means of promoting dialogue and envisioning solutions. "His films complement one another and are in permanent dialogue. His engagement as a cineaste, his obsession, is filming political and humanistic struggles with sincerity"[14]. His public appearances follow the same politically progressive line, though he has admitted the occasional need to temper his radicalism for the sake of negotiation (Peck, *L'Amérique*). Peck has filmed in Congo, France, Germany, Haiti, and the USA, and dealt with subject matter as diverse as The Gregory Affair and the ENA-National School for Higher Servants in France, both for French TV; the young Karl Marx; and the grim fate of the American dream amid the atrophy of democratic promises to black Americans in *I Am Not Your Negro.*

12 He finished this first film years after completing his cinema studies, following a half-dozen shorts devoted to international political causes.

13 Peck, Raoul, *Raoul Peck. Récits d'Haïti en Cinq Films*, DVDs and Booklet, Haiti, Velvet Film, 2017, p. 23.

14 *Ibid.*, p. 23.

This for a long time has made him a rarity among auteurs of the African diaspora, who often find themselves forced to home in on the continent itself or to hew to themes of emigration and identity – or the confrontation with the West when they manage to film in Europe. But things have begun to change in this regard, and there are several projects worthy of note, including: Jean-Marie Teno's *Le futur dans le rétro* (2018), a documentary in which the director is quoting James Baldwin's 1956 novel *Giovanni's Room*: "You don't have a home until you leave it, and when you have left it, you never can go back" (Baldwin, 1956, p. 154),[15] Abderrahmane Sissako's upcoming film, currently in production, which takes place in China and various African countries; and Mahamat-Saleh Haroun's return to France with *Une Saison en France* (2017), a story of the instabilities faced by a refugee and his children from the Central African Republic after the French government rejects their petition for political asylum. To avoid adding to the liters of ink spilled describing Ryan Coogler's *Black Panther* (2017) and its exploration of cultural, historical, and symbolic relations between Africa and America, I would instead mention Manthia Diawara's *An Opera of the World* (2017), a work that follows Glissant as a cross-cultural interrogation of human life and art.[16] Isaac Julien[17] and John Akomfrah's most recent works similarly explore ideas of crossing through experimental pieces for the museum. Especially noteworthy is the latter's *Vertigo Sea* (2016) and *Purple* (2017), which thematize the bonds tying humankind to the ocean through migration, slavery, globalized capitalism, war, and the catastrophic effects of anthropocene-era contamination and global warming[18].

15 "In July 2010, a university professor in the United States returns to Ghana, her country of origin, to be crowned Queen-Mother. *Le futur dans le rétro / Chosen* is a tangle of several stories, several trips, several exiles that reflect contemporary global society. *Chosen* is a tale about motherhood, brotherhood, exile, membership in a group, a tale of loss, trauma, on return, an existential quest." Text quoted from the filmmaker's Facebook page.

16 Proceeding from the opera *Bintou Were* by Chadian dramatist Koulsy Lamko, which was performed on the banks of the Niger River, Diawara's film intersperses his own reflections with those of interview subjects Fatou Doiome, Nicole Lapierra, Richard Sennett, and Alexander Kluge about migration, movement, the sea, myths, and manifestations of operatic art in south.

17 Installations in this line include: *True North* (2004); *Fantôme Créole* (2005); *Fantôme Afrique* (2005); *Western Union: Small Boats* (2007); *Ten Thousand Waves* (2010); *Kapital* (2013); *Playtime* (2014).

18 *Vertigo Sea* and *Purple* are immersive, multiscreen works conceived for the white cube, merging montage, music, archival audio and visual footage, recitations of poems and prose, and original film with a soundtrack by Trevor Mathison.

I AM NOT YOUR NEGRO: CROSSING AS A FOUNDATIONAL AND ORGANIZING PRINCIPLE

Baldwin has accompanied Peck throughout his life: "I started reading James Baldwin when I was a fifteen-year-old boy in search of rational explanations for the contradictions I was confronting in my already nomadic life"[19]. His encounter with *The Fire Next Time* a few years later would open perspectives on blackness that transcend race. Viewing Baldwin amid a personal pantheon that includes Aimé Césaire, Frantz Fanon, Jacques Stephen Alexis, C.L.R. James, Richard Wright, Gabriel García Márquez, Alejo Carpentier, and Karl Marx (all of whose ideas are nearly ever-present in his films), Peck discovers a world "in which I was not just a footnote or a third-rate character" and that helps him to understand his life in Brooklyn, a domestic realm where "a kind of large Oriental rug with images of John F. Kennedy and Martin Luther King Jr. hung on the wall" in representation of the unfinished history of equality in America, the contradictions of which the African-American painter Kerry James Marshall has represented so poignantly in *Souvenir I* and *II*[20].

The use of intertextuality and cross-cultural references, which Peck himself notes in his introduction to the companion volume to *I Am Not Your Negro* (*IANYN*), is characteristic of the complex history of Black culture and the rhythm and sonority of Black music permeates popular speech, oratory, and written poetry and prose. Then again, written texts are often quoted, reworked, and broken apart in the visual works of painters, filmmakers and video artists. The most iconic of these images become symbols once again, used by musicians, designers, and everyday people as a token of pride and a symbol of belonging to their culture. The "opaqueness" and richness of this heritage challenges the viewer, offering layers of allusion and interpretation, as in Peck's films. *IANYN* is a product of the same painstaking research that has characterized so many of Peck's projects, which have matured in dialogue with one

19 Peck, Raoul, *I Am Not Your Negro*, *op. cit.*, p. ix.

20 *Ibid.*, p. x.

another over the years, so that each bears the imprint of the others. *IANYN* gestated for more than a decade, in part because it was hard to find an organic point of entry for a topic so close to the director's heart, and in part because he wished to produce it with absolute independence and freedom. This picture, coproduced with his brother Hébert and Rémi Grélletty, was a collaborative effort that brought many seasoned colleagues into the fold: "a team around me that works as a band rehearsing a symphony. Each of them knows his/her instrument, at a certain moment they know the melody, the music, and you have just to allow them to be creative" (Peck, Vanderbilt University, 2017)[21]. Collaborations of this kind are a constant across his career. He generally writes his scripts hand-in-hand with Pascal Bonitzer, and Alexei Aigui composes his soundtracks; Alexandra Strauss has been his editor since *Assistance Mortelle*; some of his actors and actresses, among them Alex Descas (Mobutu in *Lumumba*, 2000, and the protagonist of *Meurtre à Pacot*, 2014) and Patrick Rameau (*Haitian Corner*, 1987 and *L'Homme sur les quais*, 1993) have worked with him for decades, though he willingly strays from his cast of regulars to find performers from diverse backgrounds who bring a special vibrancy to his stories. Noteworthy among these are Idris Elba in *Sometimes in April* (2005) and Sonia Rolland and Zinedine Soualem in *Moloch Tropical* (2009).

This problem of an organic point of entry was solved when James Baldwin's sister, Gloria Karefa-Smart, her brother's secretary, confidante and executor of his estate, sent him a package of typewritten pages from an unfinished project entitled *Remember This House*, along with some personal letters. Baldwin's would-be novel tells the story of America through the assassinations of his friends Medgar Evers, Malcolm X and Martin Luther King Jr. The book proved a strain, not only because it stirred up the pain of those losses, but because Baldwin had to travel to the Deep South. To quote Peck, Baldwin is a "*passeur*, one who interprets, the wise man of the family, the older brother to the young radicals who would succeed him" (Peck, *L'Amérique*). In this way, his position is similar to Peck's in his documentaries *Lumumba. La mort d'un prophète*; *Desounen, dialogue avec la mort*; *Le profit et rien d'autre !*; and *Assistance Mortelle*, where he intervenes through first person voice-over.

21 Hébert resides in New Jersey and is Assistant Director of Broadcast Operations at Rutgers University's RU-TV network, while Grélletty has produced Peck's films since 2013.

In *Lumumba. La mort d'un prophète*, Peck's narration moves through diverse realities, historical moments, and publics; but this approach was unsuited to *IANYN*, where Baldwin had to tell the story in his own words. One of the attractions of Baldwin for Peck was the tension between his roles as witness and actor, and this serves as an organizing principle for Peck's film. With the rare privilege of unfettered access to Baldwin's archive, Peck was able to augment Baldwin's unfinished work and fashion a hybrid masterpiece by using recorded interviews with the author and Baldwin's thoughts voiced by actors: Samuel L. Jackson in English and Joey Starr in French. By Peck's own account, he wanted voices that would "show the weight of lived experience, broken, and radical, a voice of revolt, but with street credibility," and for this reason he chose Starr over his frequent collaborator Alex Descas (Peck, *L'Amérique*). This same concern for tonal qualities determined Peck's decision to have his older brother Hébert dub the English track that Peck himself narrates in French in *Assistance Mortelle*. In filming, in the use of archival footage and soundtrack, and even in typewritten text to present the intertitles, Peck allows Baldwin's thinking to guide his project, and this explains his widely criticized decision to de-emphasize Baldwin's homosexuality[22].

IANYN is a work of crossing on many levels. Peck's mission is to tell Baldwin's story while drawing links to the twenty-first century and showing the prescience of "the visionary, poet and humanist" in the final credits of the movie. Two key collaborators between Paris and New York aided him here: the archival researcher Marie-Hélène Barbéris and her assistant Nolwenn Gouault. Baldwin's work, his syntax, even his manner of thinking, are translated from writing into film, and give shape to the final product; the circle then closes with the publication of the film's companion volume, which is a kind of *libretto*, to be referred to while watching or perused unhurriedly afterward – and this leads us in turn to Baldwin's unpublished writings, finally offered to the public in 2017. The book and the film form a malleable whole, open to the

22 Peck has stated repeatedly that, despite the centrality of queer discourse in the present day, Baldwin himself, while addressing homosexuality openly in *Giovanni's Room*, tended to emphasize other subjects. Still, the film leaves no doubt as to Baldwin's orientation: there are direct allusions to the author's FBI file, references to his boyfriend Lucien, and arch remarks on the impossible kiss between Sidney Poitier and Rod Steiger in *In the Heat of the Night* (Norman Jewison, 1967).

paratextual influences of Baldwin's many interviews available online, the myriad articles and academic studies concerned with him, and, of course, Baldwin's own books.

The film opens with the urgent sound of strings and a succession of credits that both give a sense of the institutional and economic bases of the film and serve as a declaration of intentions. Credits appear over a horizontally divided black and white screen, hinting at the imbalance of forces behind *IANYN* and the reality of an America divided between white and black: white generally at the top of the screen and black at the bottom. The border between them, two levels of experience and reality, will be the intractable problem that is key to America's survival, and both Baldwin and Peck will grapple with it during the film.

Following this choreographic commencement comes the text: "In June 1979, acclaimed author James Baldwin commits to a complex endeavor: tell his story of America through the lives of three of his murdered friends: Medgar Evers, MLK and Malcolm X. Baldwin never got past his 30 pages of notes entitled: *Remember This House.*" The title appears with the sound of typewriter keys, letting Baldwin tell his own story. The remainder of the prologue comprises Baldwin's outline of his project, a 1968 interview with Baldwin from the Dick Cavett show about the Negro in America in which he affirms "the question is what is going to happen to this country", and images from present-day clashes between young blacks and the police. Over them we hear Buddy Guy's "Damn I've Got the Blues," which clarifies one of the roles of montage here: image as an underpinning for music and words. As we hear "from my head down to my shoes", the camera traces the contours of a rioting black young woman in present-day America. This montage, Peck suggests, will connect the predicaments of Baldwin's America with our own.

The black-and-white credits show the title of the movie, then the author (James Baldwin), and the director (Raoul Peck) speak immediately of liberation, conflict and transformation in the black community. Soon we hear Samuel L. Jackson read a letter from Baldwin to his agent, dated June 30, 1979: "I'm about to undertake a journey. And this is a journey, to tell you the truth, which I always knew I would have to make, but had hoped, perhaps… not to have to make so soon: I am saying that a journey is called that because you cannot know what you will discover on the journey, what you will do with what you find, or what you find will do to you." The clatter of the keys and Samuel's voice merge amid abstract shadows, symbols of the traveler's brooding and doubts. We learn that the timeframe of the narrative will be 1955 to 1968 "from a public point of view," but soon, images of a southern landscape from a moving car and an old spiritual ("Take my hand, take me home, I'm tired"...) plunge us back into the voyager's solitude. This dynamic tension between the public/historical and the private will be a constant throughout the film. Family albums, archival documents, Baldwin's words, and the soundtrack clash and cross through physical, historical and emotional spaces in the film as if we were listening in on a carefully improvised jam session. The deaths of Baldwin's three friends will instruct the people and speak to the nation. The first lyrical excursus of many appears – a fixed shot of great formal beauty, the elevated train in Harlem shooting past a tree that shakes its leaves before a brick building, to the tune of poignant music. The viewer must stop and reflect on the artificiality of the image. Peck will use this technique repeatedly to draw the audience from historical and political considerations into the realm of the intimate, leaving them no choice but to look inward with Baldwin, his three friends, the director and his crew.

The remainder of the film is broken into sections, like chapters of the unwritten book: the first, *Paying My Dues*, explains the motives for the project, with Baldwin (like Peck) returning to a crisis-ridden America from France at the end of the fifties after seeing "the photograph": an image of fifteen-year-old Dorothy Counts, who was insulted and spat on as she walked to a newly integrated school in Charlotte (NC). "Some one of us should have been there with her", says Baldwin, "Everybody else was paying their dues. And it was time I went home and paid mine." The remaining sections are *Heroes* (a discussion of his three murdered friends), *Witness* (on testimony and the ethics of action), *Purity* (on the socio-cultural construction of race), *Selling the Negro* (on capitalism and the problem of class), and *I Am Not a Nigger* (conclusion). Peck analyzes America as a keystone of the dominant global order and stresses the racist bedrock of contemporary capitalism, which emerged from the slave system and a tri-continental mercantile economy that dovetailed into the inequities of industrialization. He shows links between the unfinished Civil Rights work of Medgar Evers, Malcolm X, and Martin Luther King Jr., the young leaders of the Black Panthers, many dead before their times and Black Lives Matter today. He contrasts the decapitation of the leadership of black liberation movements with images of young black men recently killed by police and, just before the end, with a series of portraits of families and individuals who stare directly at the camera as viewers hear Baldwin's words: "The world is not white, white is a metaphor of power, and that is simply a way of describing Chase Manhattan Bank." The melody that ties together several episodes in the film rises up again, with a muffled lyricism that never strays into emotional excess.

The soundtrack, composed of songs written and performed by black musicians, recollects the role of black music in individual and collective liberation struggles. Rejecting chronology, opting instead to heed the demands of the montage, it places blues pioneers like Tommy Johnson (1896-1956), Big Bill Broonzy (1903-1958), and Buddy Guy (1936) beside superstars like Lena Horne (1917-2010), Nat King Cole (1919-1965) and James Brown (1933-2006). The film ends with Kendrick Lamar's "The Blacker the Berry" from his third studio album, *To Pimp a Butterfly* (2015). Here, the hook by dancehall artist Jamaica Assassin, which pounds as the credits roll, is a nod to the flourishing of creole rap in the late eighties and early nineties, which penetrated the United States with figures like Don Jaguar and Supercat with a nod to Peck's Brooklyn years.

Lamar's lyrics, which invoke Wallace Thurman's *The Blacker the Berry: A Novel of Negro Life* (1929)[23], say something about the fraught nature of intertextuality, which in the hands of successful artists is often indistinguishable from appropriation. It is worth noting here that the video for Lamar's blockbuster "All the Stars" from the *Black Panther* soundtrack is currently the object of a plagiarism suit from the English-Liberian artist Lina Iris Viktor (Polegrin)[24]. While this controversy typifies the complex dynamics of homage and usurpation of art in the digital age,

23 The novel examines color prejudice and racial discrimination within the black community through the life of its protagonist, Emma Lou, from her childhood in Boise to her arrival in Harlem in the midst of its renaissance, including the intervening years at the University of Southern California.

24 Another example of this complex interplay of influence and appropriation in African art and cinema is the poster for Jay-Z and Beyonce's *On the Run II*, modeled on Djibril Diop Mambéty's *Touki Bouki* (1973). Their lack of acknowledgement of Mambéty has been a source of controversy.

which run the gamut from artistic-cultural crossing to outright theft, Peck's quotations and employment of artistic and cultural allusions are both more complex and more honest: in the closing credits, he lists his references and acknowledges his archival researchers. The Hollywood classics he excerpts are examined in Baldwin's own cinema criticism in *The Devil Finds Work* (1976), which tackles the racism of onscreen representations of Blacks and questions the ontology of the moving image. Peck, a cinema professor and director of the most renowned Parisian school of cinema, is well aware of the applicability of Baldwin's theses to history and the anesthetic effect of cinema and TV.

Baldwin's oratorical style, at times blunt and cutting, and at others subtle and poetic, finds its corollary in the film. The son of a Harlem preacher, Baldwin showed throughout his life a vocation to communicate and teach, and his contact with Europe and his acquaintance with a broad range of persons and realities only reinforced it. His multiple facets are on display in interviews and lectures in the film: now brilliant, now enraged, now timid, now personal, he is ever reflective and poetic. His rhetoric, refined over decades, reaches its apogee in the oft-cited phrase, "I can't be a pessimist because I'm alive," which appears toward the end of the film, and later, in the lapidary words: "The white people invented the Negro… you have to find out why. And the future of this country depends on that."

Peck uses a light hand in his blending of archival and contemporary footage: we see images from Baldwin's day (interviews, television ads, his own FBI file, the work of Dan Budnik and other storied chroniclers of the Civil Rights movement), television shows, classic 35 mm films, and press clippings, including racist caricatures, photos of lynching, and advertisements for slave auctions. Toward the film's end, as Baldwin refuses America the status of the "land of the free," images of prisons, massacres and violence flood past. A reprieve comes with a clip of *Elephant* by Gus Van Sant, but then iconic images of the beating of Rodney King (LA, 1991) interrogate the distance between reality and its simulacra. As Baldwin explicates the two levels of reality for the black and white population, Peck acidly quotes a scene of Doris Day that skewers the falsity of the American dream. In Baldwin's words, "Doris Day and Gary Cooper are two of the most grotesque appeals to innocence the world has ever seen," in contrast to the "subterranean," "denied" face of Ray

Charles, which wails out "What I Say" onscreen. Peck's capsule history of the misrepresentation of black life in the media draws on a labor of archival manipulation that non-specialists will mostly overlook: colorizations of black-and-white images and contemporary footage from the protests in Ferguson transferred to black-and-white reinforce Baldwin's thinking, shed an alternative light on the present, and connect historical milestones to a dark future. While the director's intent may have been to aid young spectators in identifying with images from the past, his manipulation further asperses the idea of linear progress in history and confirms the inescapability of repetition. Unlike estrangement in the work of other directors or artists who specialize in the manipulation of such images (like John Akomfrah's digital images in post-apocalyptic ochres) Peck exploits colorization to unite diverse audiences and update the works of great artists. The pioneering black American photojournalist and polymath Gordon Parks's series *Segregation Story* (1956), taken for *Life Magazine* down South, focusing on the youth of his community, is paradigmatic here. *IANYN* revisits Parks's work in the same way Kendrick Lamar alludes to iconic black masterpieces in several of his videos, following a general tendency visible elsewhere: for example, in Kahlil Joseph's references to Charles Burnett's *Killer of Sheep* (1977) in the video for Shabazz Palaces' *Belhaven Meridian* (2010).

The rapid succession of the images, resembling jazz and blues, follows principles of syncopation and counterpoint, and the fusion of music and image permits reflection, lyricism, sarcasm, and even respite. Some images migrate from earlier films by Peck, like a melody picking back up: Times Square with its stock ticker, or the American dollars that embody late capitalism from *Le profit et rien d'autre !* A foil to this freneticism is the slow-motion footage of the El in Harlem, the verdure of the southern US, or the anonymous cities and countrysides of America run through with endless freeways, shown over a slow, simple tune (which we hear again before the final credits roll). These lyrical interludes give viewers space to think, remind them of the omnipresence of history, and bind the film's universal concerns to episodes from Baldwin's personal voyage (when he learns about the death of his three friends).

IANYN engages openly with two films: Dick Fontaine and Pat Hartley's 1982 *I Heard It Through The Grapevine*, in which Baldwin travels to the deep south to attest to how little has changed in America in the decades following the birth of the Civil Rights struggle, and Arthur Jafa's experimental *Dreams Are Colder Than Death* (2014), which looks at the impasse of the so-called race question in America today, and questions "how might one identify and develop a specifically Black visual aesthetics equal to the 'power, beauty and alienation' of Black music in US culture" (*Arthur Jafa*, Serpentine). Fontaine and Hartley take the viewer on a trip with Baldwin in the 1980s to reflect on the effects of the Civil Rights Movement. A masterly collage of found-footage, their film lacks the poetic intimacy and complex structure of Peck's work, but it is a clear reference point for *IANYN* with its journey to the south and fusion of documentary and essay. Jafa's work is part of a contemporary critical revision of Black America in the arts. Known for his experimental films and music videos, Jaffa conceives of soundtrack as a personal mixtape for his images, establishing connections that vary depending on spectator's background, like Peck but without his clear organization and thesis.

John Akomfrah's *The Stuart Hall Project* (2013) is the clearest antecedent for Peck's attempt to portray a figure of essential importance through his work, combining interviews and documentation with an artistic sensibility. For Akomfrah, this figure was his beloved Miles Davis. In his film and his multiscreen installation *The Unfinished Conversation* (2013), Akomfrah looks at an entire era, and like Peck, he uses intertitles like chapter headings to organize his narrative and the abundant footage he has gathered to balance individual experience and historical fact.[25] Interestingly, Peck presented *IANYN* almost simultaneously with *The Young Karl Marx* (Berlinale, 2017), a historical drama about the first years of Marx and Engels's friendship. Through this study of another of his totem figures, Peck complements Baldwin's reflections with an examination of the consolidation of capitalism in the early modern era and beyond.

With its massive audience reach, *IANYN* has broken barriers for African and diaspora cinema. In the USA, screenings have led to a new focus on the racist history of black representation in the mass media; an

25 Peck's specific method of introducing the intertitles created by Michel Blustein, in typewritten letters that appear one-by-one onscreen recalls Steve McQueen's *Open Plan* (Whitney Museum of American Art, 2016), an expanded version of *End Credits*, in which he recovers the COINTELPRO file on Paul Robeson, another legendary African-American figure and fighter against racism whose legacy has recently been reevaluated. While McQueen's piece consists of a large screen with a scrolling image of drafted pages narrated by male and female actors, Peck's intertitles appear to show the writing taking place as ideas occur.

awareness of the continuity between the Civil Rights struggle and Black Lives Matter; and a reevaluation of the importance of James Baldwin, who has been the subject of many recent appreciations in the press[26]. The film's humanism permits multiple readings depending on the spectator; but Baldwin's role as mediator between peoples and eras has proven particularly significant for international anti-Trump audiences, who are hungry for faithful depictions of systemic racism in the US after Obama, as is attested to by the prizes the film has received in Toronto, Berlin, Chicago, and at the BAFTA, as well as its 2018 César for Best Documentary. The film's effects are still being felt: projections continue apace, as does debate surrounding its central themes. Of especial importance is the acquisition by the Schomburg Center for Research in Black Culture, just a short walk from Baldwin's childhood home in Harlem, of the majority of the documents held by his estate – though access and exhibition rights will be limited for a certain period of time (Schuessler). Peck's film now has a second life on online streaming platforms, and is a frequent reference on mainstream television series, with cameos in BET's *The Quad* (2017-2018) about the fictional HBCU Georgia A&M; the family sitcom *Black-ish* (2014-) and its spinoff *Grown-ish* (2018-); and the Tracy Morgan comedy *The Last O.G.*, created by Jordan Peele (*Get Out*, 2017) and John Carcieri.

CONCLUSION

To create *IANYN*, Raoul Peck has made use of a broad corpus of knowledge, professional as well as personal, built up during his years as a nomad on three continents, offering a multitude of readings and opportunities for reflection on interspersed memories and history. *IANYN*

26 Emblematic of the new Baldwin boom is the bestselling *Between the World and Me* (2015) by Ta-Nehisi Coates, who has become the interpreter of black reality *de rigueur* for more liberal segments of the white American population, even as prominent black scholars have called his message into question. Coates's book takes inspiration from the first essay of Baldwin's *The Fire Next Time*, entitled "My Dungeon Shook – Letter to my Nephew on the One Hundredth Anniversary of Emancipation," as a starting point for explaining to his adolescent son what it means to be black in the post-Obama America of the twenty-first century.

could be equally at home in curricula for courses in Black Studies, Cinema and Media Studies, Economics, Political Science, Music, Social Sciences, or Art History. By touching so many fields, Peck broadens his appeal to a range of audiences: international cinephiles will find a stylized essay-film at a watershed point for the documentary genre; young people searching for direction will see how the killings of black leaders affected present-day realities; for specialists in the sociology of Black America, the array of images the movie compiles provide an integral document concerning the rise of structural racism; while lovers of James Baldwin, whose interviews and writings continue to resonate four decades after his death, will appreciate this sympathetic portrait, complete with rarely seen footage. The film's box office numbers are undoubtedly a reflection of growing interest in Black American artistic production in Europe[27] in general; but this explanation fails to appreciate Peck's varied and unclassifiable filmography and the way *IANYN* dialogues with it. As I have tried to show, *IANYN* is steeped in intertextuality – a quality shared by many black artists, musicians and writers. As the Janus-like voices of Baldwin and Jackson turn the author's words into images, the editing dissolves linear time; manipulation of archival audio and images that quote from and respond to Black historical realities forge a counter-poetics of liberation and social critique. The marriage of a brisk sequence of images and a complex soundtrack is surely one reason for the film's wide appeal among younger audiences.

From a material perspective, *IANYN* addresses both Peck's deep need to carry on with the work of a deceased mentor and the demands of diverse audience members who come to the film with their own preconceptions. *IANYN's* formal composition mirrors the complicated and distorted history of Black America. With its Glissantian "opaqueness," its ungraspability, borne of the freedom of multiple references blended onscreen, it is emblematic of the fertility of cross-cultural, multi-accented creole artistic practice at present. Its crossing – through times, spaces, musical and visual works – is both reflection and entertainment, declamation and evocation, wading into the broader tradition of artists, priests, educators,

27 This interest may be read in light of European institutions' apathy in the face of the contemporary migration crisis, whereby traditional anti-Americanism in the Trump era stands in for self-criticism. By placing black identity at the center of the debate on racism, the responsibility of European states and citizens for the nefarious aspects of their own immigration policies evades questioning.

and ordinary people who have found a unique way to express themselves in the struggle for liberation from the West and white America.

That two years on, *IANYN* remains part of contemporary discussions about race bears out what Peck affirmed in a recent interview, that the film is made not to be digested, but revisited. "The goal is to use the past to talk about the present situation. I hope that this movie is not just a film to consume but that you can see it many times and bring your own story, point of view and struggle with it" (Peck, Vanderbilt). As it enters our cultural tradition, the film enjoins viewers to form part of a broader discussion, drawing on the historical and biographical reconstructions it features to comprehend the past and face the future. With *IANYN*, Peck has transcended the limitations –their relegation to genre categories, to the exoticism that often hamstrings Afro-diasporic directors, and the expectations of works created for tv– to pull in audiences across numerous media platforms, bridging the African diaspora and Hollywood, the Afro-American and the African, television and the internet. And so the journey Baldwin mentioned in a letter to his agent forty years ago, the same one Peck embarks upon in his film, remains underway in the conscience of spectators across the globe.

Edwidge Danticat, another Haitian diaspora artist, reflecting on the role of the contemporary immigrant artist in her essay "Create Dangerously: The Immigrant Artist at Work", quotes the following words by Camus, taken from "L'artiste et son temps": "Art cannot be a monologue. We are on the high seas. The artist, like everyone else, must bend to his oar, without dying if possible" (Danticat, 2011, p. 13). Danticat goes on: "Albert Camus once wrote that a person's creative work is nothing but a slow trek to rediscover, through the detours of art, those two or three images in whose presence his or her heart first opened" (*ibid.*, p. 18). Peck's two or three images could easily be a photo of Lumumba, the words of James Baldwin, and the ideas of *Das Kapital*, which are like waves striking the oars in his continuing quest to get his words to the peoples of the world.

Beatriz LEAL RIESCO
University of Salamanca, Spain

BIBLIOGRAPHY

Adesokan Akin, 2011, *Postcolonial Artists and Global Aesthetics*, Bloomington / Indianapolis, Indiana University Press.

Baldwin James, 1956, *Giovanni's Room*, New York, Dial Press.

Baldwin James, 1963, *The Fire Next Time*, New York, Dial Press.

Baldwin James, 1998, *Collected Essays*, New York, The Library of America.

Coates Ta-Nehesi, 2015, *Between the World and Me*, Melbourne, The Text Publishing Company.

Diawara Manthia, 1999, "The I Narrator in Black Diaspora Documentary", in Phillys R. Klotman, Janet K. Cutler (eds.), *Struggles for Representation. African American Documentary Film and Video*, Bloomington / Indianapolis, Indiana University Press, p. 315-328.

Bernabé Jean, Chamoiseau Patrick, Confiant Raphaël, 1993, *Éloge de la Créolité / In praise of Creolneess*, (édition bilingue), Paris, Hors série Littérature, Gallimard.

Cullen Deborah, Elvis Fuentes, 2012, *Caribbean Art at the Crossroads of the World*, New York, New Haven / London, El Museo del Barrio / Yale University Press.

Danticat Edwidge, 2011, *Create Dangerously, the immigrant artist at work*, New York, Vintage Books.

Glissant Édouard, 1997, *Traité du Tout-Monde. Poétique IV*, Paris, Coll. Blanche, Gallimard.

Peck Raoul, 2012, *Stolen Images: Lumumba and the early films of Raoul Peck*, New York, Seven Stories Press,

Peck Raoul, 2016, *Monsieur Le Ministre… Jusqu'au bout de la patience*, Haïti, Éditions Velvet.

Peck Raoul, 2017a, *I Am Not Your Negro*, New York, Vintage International.

Peck Raoul, 2017b, *Raoul Peck. Récits d'Haïti en Cinq Films*, DVDs and Booklet, Haiti, Velvet Film.

Pressley-Sanon Toni, Sophie Saint-Just (eds.), 2015, *Raoul Peck. Power, Politics, and the Cinematic Imagination*, New York / London, Lexington Books.

Thurman Wallace, 1929, *The Blacker the Berry: A novel of Negro Life*, New York, The Macaulay Company.

Sarr Felwine, 2016, *Afrotopia*, Paris, Philippe Rey.

Sanogo Aboubakarr, 2015, "In Focus: Studying African Cinema and Media Today", *Cinema Journal. The Journal for The Society for Cinema & Media Studies*, Winter 2015, vol. 45, n° 2, p. 114-119.

ONLINE ARTICLES, EXHIBITIONS, AND INTERVIEWS

Frederick Candice, "The Schomburg Center Acquires Renowned Literary Icon James Baldwin's Papers", *New York Public Library web*, April 13, 2017, <www.nypl.org/blog/2017/04/13/james-baldwin-schomburg-center>.

Rea Naomi, "France's President Has Promised to Return Africa's Heritage - Now Macron's Pledge is Being Put to the Test", *Artnet News web*, March 8, 2018, <news.artnet.com/art-world/macron-repatriate-african-heritage-1238219>.

Peck Raoul, "L'Amérique de James Baldwin, par Raoul Peck (2017)", Interview with Raoul Peck in *La Grande Table*, France Culture, April 25, 2017, *Youtube*, <www.youtube.com/watch?v=S7fki5kg7So>.

Peck Raoul, "I Am Not Your Negro: Race, Identity and Baldwin / Raoul Peck", Interview with Raoul Peck at Vanderbilt University, USA, October 6, 2017, *Youtube*, <www.youtube.com/watch?v=GBmZ68pxJiU>

Polegrin Robin, "Artist Says Kendrick Lamar Video for 'Black Panther' Song Stole Her Work", *The New York Times online*, February 11, 2018, <www.nytimes.com/2018/02/11/arts/black-panther-kendrick-lamar-lina-iris-viktor.html>.

Schuessler Jennifer, "James Baldwin's Archive, Long Hidden, Comes (Mostly) Into View", *The New York Times online*, April 12, 2017, <www.nytimes.com/2017/04/12/arts/james-baldwins-archive-long-hidden-comes-mostly-into-view.html>.

Serpentine Sackler Gallery, "Arthur Jafa: A Series of Utterly Improbable, Yet Extraordinary Renditions", (June 8, 2017 to September 10, 2017), Exhibition, London, *The Serpentine Galleries web*, <www.serpentinegalleries.org/exhibitions-events/arthur-jafa-series-utterly-improbable-yet-extraordinary-renditions>.

LA PRODUCTION DE FILMS NIGÉRIANS EN EUROPE

Sociétés de production diasporiques et pratiques cinématographiques « parallèles[1] »

Comme l'a souligné le journaliste nigérian Steve Ayorinde[2], des vidéos nigérianes ont circulé parmi des Nigérians et des Africains d'autre origine résidents en Europe et en Amérique du Nord depuis les premières années de succès de Nollywood, dans les années 1990. Comme c'est souvent le cas au sein de la diaspora, les vidéos nigérianes sont devenues le vecteur par lequel les membres du public africain ont réussi à créer et à maintenir de multiples formes de connexion avec leur pays d'origine. Les films de Nollywood ont participé à la construction d'un paysage médiatique transnational et diasporique afrocentrique qui séduit aujourd'hui les personnes d'origine africaine à travers le monde. Comme je l'ai souligné ailleurs[3], les vidéos nigérianes ont circulé longtemps à travers des réseaux informels et piratés, mais l'industrie a progressivement pris conscience du potentiel économique du marché de la diaspora et au cours des dernières années, a tenté de le formaliser. Au-delà de ces développements plus récents, la diaspora a joué un rôle important dans l'économie générale de l'industrie, et ce quasiment depuis le début du phénomène vidéo nigérian. La diaspora a servi aux

1 Une version précédente de ce texte a été publiée dans le livre *Behind the Screen : European Contributions to Production Studies* (Palgrave, 2015), sous la direction de Petr Szczepanik et Patrick Vonderau. Je remercie les éditeurs pour leur permission de reproduire une version modifiée du texte ici. Je dédie cet article à Simone Sandretti, l'un des réalisateurs dont le travail est analysé ici : que la terre lui soit légère.

2 Ayorinde, Steve, « Video and celluloid… a homeboy shoots up abroad », The Guardian Nigeria, 28 Janvier 1999.

3 Jedlowski, Alessandro, « From Nollywood to Nollyworld: Processes of transnationalization in the Nigerian video industry », éd., M. Krings, O. Okome *Global Nollywood : Transnational Dimensions of an African Video Film Industry*, Bloomington, Indiana University Press, 2013, p. 25-45.

réalisateurs et producteurs nigérians à la fois comme lieu de tournage et comme dispositif narratif. Comme Jonathan Haynes[4] l'a observé, les films qui thématisent l'expérience de la vie à l'étranger et qui se déroulent partiellement ou intégralement à l'extérieur du Nigéria et de l'Afrique sont, au cours des années 2000, presque devenus un genre à part entière. La production de ces films a connu une augmentation remarquable notamment suite au succès populaire de deux vidéos nigérianes tournées en Europe, *Osuofia in London* (2003) et *Dangerous Twins* (2004). Le succès de ces films a fait comprendre aux producteurs nigérians le potentiel commercial des films axés sur l'immigration nigériane, et d'innombrables vidéos du même type ont été mises sur le marché.

Alors que certains producteurs nigérians adoptaient des cadres étrangers comme dispositif narratif, la diaspora devint également un site de production autonome. En effet, le succès des vidéos nigérianes parmi les Africains de la diaspora a donné à certains entrepreneurs nigérians basés en Europe et en Amérique du Nord l'idée de créer, entre la fin des années 1990 et le début des années 2000 des sociétés de production, que ce soit aux Pays-Bas, en Allemagne, en Belgique, en Italie, en Espagne, au Royaume-Uni, aux États-Unis ou au Canada. Ce phénomène est assez singulier dans le cadre de l'histoire récente du cinéma diasporique. Bien que l'émergence de ce cinéma en Europe et en Amérique du Nord soit un phénomène de longue date, étudié par plusieurs chercheurs[5], la création de sociétés de production indépendantes ayant l'intention de reproduire dans la diaspora le format et la structure d'une industrie de la culture populaire existante dans le pays d'origine est une pratique qui semble unique en son genre.

L'objectif central de cet article est donc de décrire ce phénomène et de proposer une définition de ses caractéristiques principales afin de mettre en lumière un phénomène laissé en marge par les études sur le cinéma diasporique ainsi que par les travaux produits dans le

---

4 Haynes, Jonathan, « Africans Abroad: A Theme in Film and Video », Africa & Mediterraneo No. 45, 2003, p. 22-29. Et haynes, Jonathan, « The Nollywood Diapora : A Nigerian Video Genre », éd. M. Krings, O. Okome *Global Nollywood : The Transnational Dimensions of an African Video Film Industry*, Bloomington, *op. cit.*, p. 73-99.

5 Berghahn, Daniela, Sternberg Claudia, « Locating Migrant and Diasporic cinema in contemporary Europe », éd. D. Berghahn et C. Sternberg, *European Cinema in Motion : Migrant and Diasporic Film in Contemporary Europe*, New York, Palgrave Macmillan, 2010 p. 12-49.

cadre émergeant des « *production studies* » anglophones, à savoir l'analyse et l'interprétation des stratégies de production développées dans le contexte diasporique. En effet, comme je le montrerai plus en détail dans la première partie de ce chapitre, la plupart des travaux consacrés au cinéma de la diaspora se sont concentrés sur le « texte » filmique plutôt que sur les stratégies économiques et entrepreneuriales mises en place pour produire les films eux-mêmes (voir, par exemple, Berghahn et Sternberg[6] ; Marks[7] ; Naficy[8]). D'autre part, la plupart des travaux réalisés dans le champ des « production studies » se sont principalement concentrés sur les pratiques de production des industries de cinéma occidentales (voir, par exemple, Mayer *et al.*[9]). La remarquable étude de Bollywood de Tejaswini Ganti[10] se concentre sur les industries cinématographiques non occidentales, écartant les pratiques diasporiques de production. Cet article a donc pour objectif d'analyser l'émergence et la consolidation progressive d'une gamme de stratégies de production diasporique susceptibles de revêtir une importance particulière dans la définition de ces pratiques cinématographiques en Europe et ailleurs dans les années à venir.

Les données présentées et analysées dans cet article ont été rassemblées au cours d'une ethnographie réalisée entre 2009 et 2011 au Nigéria, en Italie et en Angleterre dans le cadre d'un projet de recherche sur la transnationalisation de l'économie de Nollywood. J'ai ainsi effectué une observation participante sur les plateaux de cinéma et les lieux de distribution, interviewé des professionnels du secteur de la production cinématographique au Nigéria et à l'étranger et abordé des questions liées à la production et à la consommation de films vidéo avec des membres du public vivant au Nigéria et en Europe[11].

---

6 *Ibid.*

7 Marks, Laura, *The Skin of the Film: Intercultural Cinema, Embodiment, and the Senses*, Durham, Duke University Press, 2000.

8 Naficy, Hamid, *An Accented Cinema: Exilic and Diasporic Filmmaking*, *op. cit.*

9 Mayer, Vicky, Banks Miranda, Caldwell John T. (éd), *Production Studies : Cultural Studies of Media Industries*, New York, Routledge, 2009.

10 Ganti, Tejaswini, *Producing Bollywood. Inside the Contemporary Hindi Film Industry*, Durham, Duke University Press, 2012.

11 Outre les données recueillies au cours de mes recherches, cet article s'appuie sur les entretiens recueillis par Sophie Samyn lors du travail de terrain qu'elle a mené en Hollande, en Belgique et en Allemagne dans le cadre d'un Master en « Theatre, Performance and Media Studies » à l'Université de Gand (Belgique). Je lui suis particulièrement reconnaissant pour avoir partagé avec moi ses données.

CINÉMA ET MIGRATION EN EUROPE : THÉORIES ET PRATIQUES

Le cinéma de la diaspora est apparu en Europe au moins depuis le milieu du XXe siècle, lorsque d'importants flux migratoires en provenance des pays d'Europe méridionale et extra-européens ont commencé à modifier la structure démographique du continent. Les premières expériences de ce type ont émergé dans les pays européens les plus industrialisés : le Royaume-Uni, la France et l'Allemagne. Les premières tentatives académiques de conceptualiser ce cinéma ont ainsi été formulées en relation à la production cinématographique apparue dans ces pays. Comme Daniela Berghahn et Claudia Sternberg l'ont souligné, la manière dont ces formes de production cinématographique ont été théorisées varie en fonction du principe utilisé pour les différencier de la production cinématographique traditionnelle. Les films de la diaspora ont en fait été analysés sous plusieurs angles : à travers une « catégorisation sociale (Migrantenkino), en mettant l'accent sur la question de la race ou de la composante ethno-nationale (cinéma du métissage, *Black and Asian British Cinema*, cinéma *beur*), en se concentrant sur des concepts linguistiques et spatiaux (*accented cinema*, films de banlieue, *cinema of double occupancy*) et à travers des approches transnationales (*Third Cinema*, *Black Cinema*, cinéma de la diaspora sud-asiatique)[12] ». Il convient toutefois de souligner que, dans ce contexte, très peu de recherches ont été consacrées directement à l'analyse des stratégies de production développées en contexte diasporique en Europe. Au contraire, la plupart des études s'est concentrée sur l'analyse des spécificités narratives et esthétiques des films produits dans de tels contextes, et la méthodologie de recherche appliquée a généralement été plus proche de l'analyse textuelle que de la recherche ethnographique[13].

12 Berghahn, Daniela, Sternberg Claudia, « Locating Migrant and Diasporic cinema in contemporary Europe », *op. cit.*, p. 12.

13 L'ethnographie ici est conçue comme une description dense basée sur une rencontre intime, réflexive et de long cours entre le chercheur et les enquêtés. Il s'agit d'une démarche dans laquelle le chercheur tente de comprendre les aspects fondamentaux du phénomène qu'il observe « en permettant à ses hôtes de modeler, du moins partiellement, non seulement les réponses, mais aussi les questions qui sont posées » (Peterson 2003 : 9).

Néanmoins, tout en proposant des approches théoriques de l'étude du cinéma diasporique sensiblement différentes de celle proposée dans cet article, ces études peuvent suggérer des outils conceptuels utiles pour la compréhension des aspects socio-politiques, économiques et culturels qui définissent l'expérience quotidienne du sujet diasporique et qui informent ainsi les stratégies économiques et entrepreneuriales développées dans le contexte de la diaspora. Comme Vicky Mayer l'a souligné, il existe en fait une relation étroite entre la dimension micro (l'individu) et macro (la société) au cours du processus de production.

> En tant que domaine d'étude – souligne Mayer – les '*production studies*' décrivent [...] la manière dont le pouvoir fonctionne localement à travers la production médiatique, en reproduisant les hiérarchies sociales et les inégalités qui existent au niveau des interactions quotidiennes. Les '*production studies*', en d'autres termes, ancrent les théories sociales au sol en nous montrant comment des sites de production, des acteurs ou des activités spécifiques nous informent à une plus grande échelle sur les travailleurs, leurs pratiques et le rôle de leurs travaux dans les domaines politique, économique et culturel[14].

Ainsi, il existe une forte corrélation entre la position qu'occupe le sujet diasporique dans le tissu social du pays d'accueil, le mode d'organisation des productions cinématographiques diasporiques et la place occupée par le cinéma diasporique dans le cadre plus large défini par les politiques et les infrastructures européennes et nationales de cinéma.

En se concentrant sur des cas très différents, la plupart des études sur le cinéma diasporique ont souvent souligné l'engagement politique de cette production. Dans ce cadre, la diaspora est considérée comme une condition qui oblige le sujet à occuper un « troisième espace » dans l'architecture sociale de la population d'un pays[15], c'est-à-dire un lieu situé à la fois à l'intérieur et au-delà de la sphère nationale. L'existence de cet espace et des sujets qui l'habitent défie implicitement et inévitablement l'intégrité de l'État-nation et l'homogénéité des constructions discursives qui le constituent en tant que « communauté imaginée[16] ». Dans l'analyse d'Abdelmalek Sayad, l'expérience de la migration se caractérise

---

14 Mayer, Vicky, banks Miranda, caldwell John T. (éd), *Production Studies: Cultural Studies of Media Industries*, *op. cit.*, p. 15.

15 Bhabha Homi, *The Location of Culture*, London / New York, Routledge, 1994.

16 Anderson, Benedict, *Imagined Communities: Reflections on the Origin and Spread of Nationalism*, *op. cit.*

par une « double absence[17] », une condition existentielle générée par le fait que le sujet n'est ni complètement « ici » ni complètement « là-bas » : le sujet diasporique devient, en quelque sorte, étranger partout. Selon Thomas Elsaesser, ce type de condition génère un cinéma de la « double occupancy[18] », un cinéma qui raconte une expérience de vie dans un contexte (social, culturel, politique) tout en faisant constamment référence au fait d'appartenir à un autre contexte. Par rapport à cette condition, les films produits dans la diaspora peuvent être définis, comme suggéré par Hamid Naficy, comme étant « accentués[19] », c'est-à-dire caractérisés par des nuances narratives et esthétiques spécifiques qui rappellent l'existence d'un ailleurs. En ce sens, ces films peuvent être étiquetés comme « interstitiels » car ils occupent une position radicale d'entre-deux. Selon Naficy, « les films accentués sont interstitiels car ils sont [...] à la fois locaux et mondiaux, et se positionnent contre les pratiques de production cinématographiques dominantes, tout en en bénéficiant[20] ».

Les remarques de Naficy nous permettent de passer de la condition socio-économique du sujet diasporique à la spécificité des stratégies de production cinématographique qu'il élabore. En effet, positionné dans un espace d'interstitialité (*interstitiality*) sociale et existentielle, le cinéaste diasporique est obligé de jouer de manière stratégique avec sa « double occupation » et ses identités multiples. Il est donc poussé à expérimenter des stratégies de financement transnationales et non conventionnelles, dont l'utilisation situe son travail à la fois à la périphérie des infrastructures de cinéma nationales et au centre des interactions transnationales et mondiales. En raison de cette position de fragilité et de fluidité intrinsèque, les modes de production des cinémas diasporiques sont souvent informels et basés sur des relations de solidarité mutuelle et de coopération, plutôt que sur des formes de collaboration contractuelles. Comme l'a souligné Mariagiulia Grassilli, dans ce cadre, « les cinéastes remplissent très souvent plusieurs fonctions (cinéaste, réalisateur, monteur, scénariste, etc.) et investissent personnellement dans leurs films en finançant directement une partie du budget, soit par des

17 Sayad, Abdelmalek, *La double absence*, Paris, Éditions du Seuil, 1999.

18 Elsaesser, Thomas, *European Cinema: Face to Face with Hollywood*, Amsterdam, Amsterdam University Press, 2005, p. 118.

19 Naficy, Hamid, *An Accented Cinema: Exilic and Diasporic Filmmaking*, *op. cit.*

20 *Ibid.*, p. 4.

fonds personnels, soit en nature, [...] en faisant participer les familles et les amis à la production ou en tant qu'acteurs pour réduire les coûts[21] ».

Les budgets limités qui définissent ces films poussent les réalisateurs diasporiques à expérimenter sans cesse des nouvelles technologies plus abordables. En outre, la spécificité de ces technologies, numériques, portables et économiquement accessibles, joue un rôle important dans la circulation des films diasporiques au sein d'un public largement fragmenté et dispersé, si bien que la circulation de ces films se fait rarement par les réseaux de distribution conventionnels. Alors que les films les plus remarqués parviennent parfois à circuler dans des festivals et des rétrospectives thématiques, une grande partie des films diasporiques est distribuée de manière informelle, par le biais de réseaux rhizomiques qui caractérisent ce que Françoise Lionnet et Shu-mei Shih ont défini comme un « transnationalisme mineur[22] » (voir aussi Adejunmobi[23]).

Outre le cadre théorique défini par le corpus d'études sur le cinéma diasporique, il existe une autre référence utile pour cette analyse, celle des recherches sur l'influence croissante des films indiens tournés dans la diaspora (appelés souvent, dans la littérature anglophone, *Non Resident Indians films* ou *NRI films*) dans l'économie de l'industrie cinématographique indienne[24]. Même si ce phénomène présente de nombreuses différences par rapport au cas analysé ici, il suggère également un certain nombre de points de recoupement. Le cinéma diasporique a généralement été examiné à travers le prisme analytique de la théorie du « Third Cinema[25] » qui souligne l'importance politique de cette production cinématographique, sa valeur intrinsèque en tant qu'acte de résistance et son potentiel pour la subversion du discours officiel de l'État-nation. Au contraire, les recherches sur les *NRI films* mettent en

21 Grassilli, Mariagiulia, « Migrant cinema: Transnational and guerrilla practices of film production and representation », *Journal of Ethnic and Migration Studies* 34 (8), 2008, p. 1237-1255, p. 1244.

22 Lionnet, Françoise, Shu-mei Shih (éd), *Minor Transnationalism*, Durham, Duke University Press, 2005.

23 Adejunmobi, Moradewun, « Nigerian video film as minor transnational practice », Postcolonial Text 3(2) <journals.sfu.ca/pocol/index.php/pct/article/view/548/405>, 2007, 1-16.

24 *Cf.* Desai, Jigna, *Beyond Bollywood: The Cultural Politics of South Asian Diasporic Film*, New York, Routledge, 2004.

25 *Cf.* Guneratne, Anthony, Dissanayake Wimal (éd.), *Rethinking Third Cinema*, New York, Routledge, 2003.

évidence le rôle de la culture populaire commerciale dans les processus de transformation identitaire au sein de la diaspora. Par conséquent, ils nous fournissent des éléments utiles pour l'analyse du contenu et des processus de formation de la production diasporique en suggérant de mettre l'accent sur le lien entre ces formations culturelles et l'économie industrielle de la production culturelle qui a lieu dans le pays d'origine. Comme Aswin Punathambekar[26] l'a souligné, les Indiens de la diaspora ont regardé les films indiens collectivement depuis les années 1960-1970 comme un prétexte pour se rassembler afin de réaffirmer leur lien avec leur pays d'origine et leur existence en tant que communauté. Depuis le milieu des années 1990, toutefois, en raison de nombreuses transformations qui ont affecté l'industrie cinématographique indienne en la poussant vers une formalisation économique majeure, le rôle du public de la diaspora est devenu plus important sur le plan économique, comptant pour presque les 30 % des revenus de l'industrie[27]. Cela a entraîné des transformations importantes dans le contenu des films de Bollywood et dans l'organisation économique d'un secteur auquel s'ouvraient de nouvelles voies de circulation internationales. Comme l'ont souligné de nombreux chercheurs[28], la consommation massive de films de Bollywood dans la diaspora et la transformation progressive des caractéristiques narratives et esthétiques des films indiens, destinées à satisfaire les goûts du public de la diaspora, ont fonctionné comme un pont permettant d'introduire Bollywood dans l'arène du cinéma mondial et de le familiariser avec le public occidental.

Cependant, l'émergence de sociétés de production vidéo nigérianes en Europe présente de nombreuses spécificités. Contrairement aux films diasporiques d'auteur analysés par les travaux mentionnés plus haut, les sociétés de production nigérianes basées en Europe se concentrent sur une production axée sur le divertissement plutôt que sur un contenu artistique et politique. Parallèlement, bien qu'ils produisent, comme

26 Punathambekar, Aswin, « Bollywood in the Indian-American diaspora. Mediating a transitive logic of cultural citizenship », *International Journal of Cultural Studies* 8(2), 2005, p. 151-173.

27 Ganti, Tejaswini, *Producing Bollywood. Inside the Contemporary Hindi Film Industry*, *op. cit.* Et thussu, Daya K., « The globalization of 'Bollywood': The hype and the hope », éd. A. P. Kavoori et A. Punathanbekar, *Global Bollywood*, *op. cit.*

28 *Cf.* Desai, Jigna, *Beyond Bollywood: The Cultural Politics of South Asian Diasporic Film*, *op. cit.* Et kavoori, Anandam P., punathanbekar Aswin (éd), *Global Bollywood*, *op. cit.*

dans le cas des films *NRI* de Bollywood, des films de divertissement destinés au public de la diaspora, ils le font à partir de maisons de production basées dans la diaspora elle-même (et non dans le pays d'origine, comme dans le cas des films *NRI*). Ils sont ainsi détachés de l'industrie nigériane et finissent par occuper une position ambiguë de concurrence avec elle. On pourrait donc considérer l'émergence de sociétés de production nigérianes en Europe comme occupant une position intermédiaire entre la production de films diasporiques d'auteurs et les films *NRI* de Bollywood. L'analyse de l'évolution historique de ces sociétés de production permettra de mieux décrire cette position d'entre-deux.

NOLLYWOOD EN EUROPE

La première société de production nigériane à apparaître en Europe fut « Double 'A' Entertainment », créée par Tony Dele Akynyemi et Leonard Ajayi-Odekhiran à Eindhoven, aux Pays-Bas, aux alentours de 1998. Selon Sophie Samyn[29], les deux Nigérians se sont rencontrés peu après leur arrivée en Hollande au début des années 1990. Avant de quitter le Nigeria, ils travaillaient en partie dans le secteur du divertissement (Akynyemi pour l'une des télévisions locales et Ajayi-Odekhiran était danseur et chanteur) et ont quitté le Nigéria avant l'émergence de Nollywood. Comme souligné dans l'entretien mené par Samyn[30], ils ont connus et apprécié Nollywood depuis l'Europe. S'inspirant des vidéos nigérianes visionnées au fil des ans, ils ont décidé de créer leur propre société de production pour en 1998 produire leur première vidéo, *Under Pressure*. Tourné avec des moyens dérisoires, ce film réinterprète les expériences biographiques des deux producteurs à travers l'histoire d'un jeune Nigérian qui s'installe en Hollande et lutte pour se construire une nouvelle vie. La vidéo, qui a connu une large diffusion informelle au sein de la diaspora, n'a cependant pas permis aux producteurs de

29 Samyn, Sophie, *Nollywood in the Diaspora An Exploratory Study on Transnational Aesthetics*, MA Thesis, Université de Gand (Belgique), 2010.

30 Akynyemi, Tony Dele, Ajayi-Odekhiran, Leonard, « Interview conducted by Sophie Samyn », Eindhoven 24th Apr 2010.

recouper les coûts de production. Néanmoins, ce succès les a incités à poursuivre l'aventure pour produire *Dapo Junior* (2000), *Holland Heat* (2002) et *From Amsterdam with Love* (2003).

Akynyemi et d'Ajayi-Odekhiran font ainsi figure de pionniers en matière de production vidéo nigériane en Europe. Au début des années 2000, leur initiative fut reproduite par de nombreuses sociétés de production de la diaspora nigériane. À cette même époque, plusieurs vidéos tournées en Europe mais produites par des sociétés basées au Nigéria (*Osuofia in London* et *Dangerous Twins*) ont également connu un succès commercial étonnant au Nigeria et dans la diaspora. Leur succès a attiré l'intérêt de nombreux Nigérians vivant en Europe et des nouvelles sociétés de production ont commencé à apparaître dans de nombreux pays européens. Au Royaume-Uni, Obi Emelonye, jeune Nigérian installé à Londres depuis le début des années 1990, a créé la société « Basic Input » et sorti sa première vidéo, *Good Friends* (2000). Après un court séjour au Nigéria, il est rentré au Royaume-Uni pour créer une nouvelle société de production « The Nollywood Factory », qui a produit plusieurs films, tels que *Echoes of War* (2003), *The London Successor* (2006), *Lucky Joe* (2006), *The Mirror Boy* (2010) et *Last Flight to Abuja* (2012), dont certains ont connu une sortie sur grand écran au Royaume-Uni.

En Allemagne, Isaac Izoya, journaliste nigérian basé à Berlin depuis la fin des années 1990, a créé en 2003 la société de production « Ehizoya Golden Entertainment » qui a produit plusieurs vidéos, dont *Zero your mind* (2003), *Love in Berlin… The Meeting Point* (2007) et *Run but Can't Hide I & II* (2008). Les vidéos d'Izoya ont remporté un succès conséquent, tant au Nigeria que dans la diaspora nigériane en Europe, grâce aux stratégies de production et de distribution spécifiques introduites par Izoya et notamment le recrutement de cinéastes nigérians connus pour la réalisation des vidéos et l'organisation de tournées promotionnelles en Europe. Izoya fut certainement le producteur de la diaspora le plus connu dans les années 2000 et celui qui, avec Emelonye, réussit à atteindre le plus large public, à la fois au Nigeria et dans la diaspora.

En Italie, deux sociétés de production ont vu le jour au milieu des années 2000, la « IGB Film and Music Industry » créée à Brescia par Prince Frank Abieyuwa Osharhenoguwu en 2001, et la « GVK » créée à Turin par Vincent Omoigui et Rose Okoh en 2006. Les deux sociétés ont développé un style de production et des stratégies de distribution différentes[31]. Osharhenoguwu était impliqué dans l'industrie de la vidéo avant de quitter le Nigeria et avait déjà produit trois films vidéo avant d'arriver en Italie. Depuis qu'il a créé IGB, la société a mis sur la marché plusieurs films (dont *Kiki Marriage* [2003], *Abroad Wahala* [2005], *The Only Way After Home but It's Risky* [2007] et *The Hard Nut to Crack* [2008]) qui ont principalement circulé dans la diaspora nigériane en Italie et au sein du marché régional de l'État d'Edo, la région du Nigéria d'origine du producteur. Les créateurs de GVK, au contraire, n'avaient aucune expérience de production cinématographique avant de s'installer en Italie. Après la sortie de leur premier film vidéo, *Efe-Obomwan*, en 2006, ils ont décidé de transformer leur entreprise pour s'adresser à la fois au public nigérian et italien. Ils ont donc commencé une collaboration avec un cinéaste italien, Simone Sandretti, et travaillé à quatre projets de film : *Uwado* (2008), *Akpegi Boyz* (2009), *We Are Not Slaves* (non terminé) et *Blinded Devil* (non terminé). La diffusion de ces vidéos a été relativement limitée (principalement dans des petits festivals et de projections privées), mais a bénéficié d'un bon soutien de la part de la presse et des institutions locales au nord de l'Italie[32].

La dernière société de production nigériane à avoir été créée est l'association « Anaabel », fondée à Anvers (Belgique) par John Osas Omoregie en 2003. Comme Vincent Omoigui et Rose Okoh, Omoregie n'avait aucune expérience de production avant de s'installer en Europe. Selon Samyn[33], c'est en Belgique qu'il se familiarise avec les œuvres de Tony Dele Akynyemi, Leonard Ajayi-Odekhiran et Isaac Izoya et s'en inspire. Il crée ainsi sa propre société de production et met sur le marché plusieurs vidéos, dont *Igho Evbue Ebo* (2003), *Desperate Heart* (2007), *Mama Why Me ? I & II* (2008) *The Immigrant Eyes* (2010) et *Amazing World* (2010). Après une période initiale de difficultés économiques liées à des

31 Voir aussi Jedlowski, Alessandro, « On the periphery of Nollywood : Nigerian video filmmaking in Italy and the emergence of an intercultural aesthetics », éd. C. Lombardi-Diop, C. Romeo, *Postcolonial Italy: Colonial Past in Contemporary Culture*, New York, Palgrave McMillan, 2012, p. 239-252.

32 Vers la fin de ma recherche sur le terrain (mi-2011), la maison de production GVK a interrompu ses activités en raison d'un manque de financement et d'autres problèmes internes. Les deux films que j'ai étiquetés comme « non terminés » étaient à un stade avancé du processus de production mais n'ont pas pu être mis sur le marché.

33 Samyn, Sophie, *Nollywood in the Diaspora: An Exploratory Study on Transnational Aesthetics*, *op. cit.*, p. 47.

problèmes personnels, Omoregie reçoit un coup de pouce important grâce à la sortie du documentaire *Nollywood Abroad* (2008), un film réalisé par la réalisatrice de documentaires belge Saartje Geerts qui se concentre sur son expérience de producteur de film de Nollywood en Belgique[34].

UNE ANALYSE COMPARATIVE DES STRATÉGIES DE PRODUCTION DU NOLLYWOOD EUROPÉEN

L'aperçu de l'histoire de ces sociétés de production permet une évaluation comparative des stratégies de production et de distribution qu'elles ont élaborées. À l'instar d'autres expériences de cinéma diasporique, ces sociétés de production habitent un espace social et culturel d'entre-deux. Toutefois, si on les compare aux exemples de cinéma diasporique définis par une orientation artistique politiquement engagée, leur position est critique à plus d'un titre. D'une part, inspirées du modèle de l'industrie vidéo nigériane (une industrie culturelle populaire à orientation commerciale plutôt qu'artistique), ces sociétés de production n'ont pas leur place dans le système de financement européen. Ce système, lorsqu'il promeut la diversité culturelle, en fixe néanmoins les normes esthétiques et narratives orientées vers le cinéma d'auteur plutôt que vers le divertissement[35]. D'autre part, à produire des films commerciaux à partir d'une position périphérique, ces sociétés se sont retrouvées dans une position de concurrence désavantageuse vis-à-vis des industries cinématographiques nationales européennes et de Nollywood mieux dotées financièrement, aux formules narratives éprouvées et aux

34 Au-delà des sociétés de production que j'ai énumérées, après la fin de ma recherche sur ce sujet (terminée en 2012) j'ai découvert un certain nombre d'autres maisons de production dont il est important ici de souligner l'existence, même si je n'ai pas les données nécessaires pour analyser leur travail en profondeur. Ces sociétés de production sont la « Clam Films » d'Andi Amadi Okoroafor basée en France, la « Zenith Entertainment » d'Andy Omoregbe basé en Espagne et la « Komic Relief Pictures » de Kennedy Uyi Oviahon basé en Italie. Cette liste est inévitablement incomplète car le paysage de la production diasporique nigériane en Europe est en perpétuelle évolution et il est très difficile de produire une liste exhaustive.

35 *Cf.* Grassilli, Mariagiulia, « Migrant cinema: Transnational and guerrilla practices of film production and representation », *op. cit.*

réseaux de distribution bien établis dans les deux régions (Afrique de l'Ouest et Europe). En comparaison, les vidéos à petits budget, à la narration et à l'esthétique hybrides, et au réseau de distribution limité, ont dû élaborer des solutions originales dans l'espoir (souvent déçu) de s'ouvrir un chemin d'accès à des ressources économiques plus importantes.

Les stratégies appliquées par chacune des sociétés mentionnées sont profondément différentes et leurs objectifs parfois divergent. Tandis que certaines d'entre elles ont transformé leurs modes de fonctionnement pour s'orienter vers les festivals et/ou le public de la diaspora africaine, d'autres ont tenté de se connecter au secteur vidéo au Nigéria et d'accéder au marché qui l'entoure. Alors que certains ont réussi à atteindre leur objectif, beaucoup d'autres sont restés bloqués dans leur position d'entre-deux, survivant à peine dans des conditions économiques très critiques. Comme l'a souligné Toni Abulu, cinéaste de la diaspora nigériane lui-même, les productions de la diaspora nigériane aux États-Unis « sont perdues entre deux mondes ! Elles n'ont pas réussi à faire des films pour le grand public américain et elles n'ont pas non plus été capable de se créer un marché de niche [aux États-Unis]. Mais elles n'ont toujours pas de marché viable [au Nigeria][36] ». Comme les exemples suivant le montrent, la remarque d'Abulu s'applique également aux sociétés de production diasporique basées en Europe.

Comme mentionné plus haut, les deux sociétés de production les plus prospères de la diaspora au cours des années 2000 semblent être Ehizoya Golden Entertainment d'Isaac Izoya et The Nollywood Factory d'Obi Emelonye. Elles ont mis au point des stratégies opposées de production et de distribution, dont l'analyse aidera à identifier les principales tendances du paysage cinématographique nigérian en Europe. Étant une industrie culturelle commerciale, Nollywood repose sur un *star system* bien consolidé (voir Haynes, 2000). Les vidéos ont tendance à se vendre davantage par rapport aux « visages » imprimées sur les jaquettes des VCD, des DVD et des posters, que sur la solidité de l'intrigue et de la structure narrative des films. Les cinéastes de la diaspora ont inévitablement composé avec cette réalité pour se positionner sur le marché.

Isaac Izoya est probablement le producteur de la diaspora qui a adhéré le plus explicitement à ce système. Pour concurrencer les sorties grand public de Nollywood, il a engagé un cinéaste nigérian très réputé,

36 Communication personnelle, Lagos, 16 décembre 2010.

Lancelot Oduwa Imasuen, pour diriger la plupart de ses productions et il a souvent inclus dans la distribution des vedettes nigérianes bien connues. Tony Dele Akynyemi et Leonard Ajayi-Odekhiran avaient déjà appliqué cette stratégie quelques années auparavant, lorsqu'ils avaient amené les stars nigérianes Saint Obi et Liz Benson en Hollande pour le tournage de *Dapo Junior*. Mais les coûts de production requis (honoraires des acteurs, frais de voyage, d'hébergement, de visa) se sont révélés supérieurs à la rentabilité de ces acteurs. De son côté, Izoya accompagnait la production d'une vidéo d'une tournée promotionnelle basée sur l'organisation d'événements de divertissement où les stars peuvent rencontrer leurs fans, tout d'abord en Allemagne en 2003 puis dans de nombreux pays européens[37]. Souvent, les vedettes amenées en Europe pour l'occasion étaient intégrées à la distribution d'une nouvelle production afin de rentabiliser les frais de l'opération. A travers cette stratégie commercial, Izoya s'est créé un nom en tant qu'ambassadeur culturel nigérian et a souvent été décrit par la presse nigériane comme un homme dont la contribution à la notoriété de Nollywood dans le monde restera gravée dans les mémoires. Cela lui a permis de tisser des liens solides au sein de l'industrie de Nollywood, facilitant ainsi la commercialisation de ses films au Nigéria.

La stratégie adoptée par Obi Emelonye a été profondément différente. Comme il l'a souligné dans un entretien il y a quelques années, il souhaitait depuis le début de sa carrière de cinéaste se différencier des productions grand public de Nollywood. Il s'est donc orienté vers des films à budget plus élevé qui pourraient ouvrir un espace nouveau pour Nollywood dans l'arène du cinéma mondial. « Une fois que j'ai commencé à faire des films de Nollywood, je me suis dit que [...] je n'allais pas utiliser les soi-disant stars. Je voulais créer ma marque, jusqu'au niveau où mon nom porte le film, sans avoir besoin d'avoir une star pour vendre[38] ». Pour atteindre cet objectif, Emelonye s'est engagé

37 Les tournées comprenaient des spectacles en Allemagne, en Hollande, en Grèce, en Espagne, en Italie et en Belgique. Au Royaume-Uni, quelque chose de similaire avait déjà été faite depuis le milieu des années 1990 avec l'organisation de la cérémonie de remise de prix intitulée « Afro-Hollywood », au cours de laquelle les stars de Nollywood étaient invitées à rencontrer leurs fans de la diaspora et à recevoir des prix spéciaux du public (Odjegba 1996). Cependant, ce type d'événement n'était pas lié à l'activité des sociétés de production implantée dans la diaspora.

38 Emelonye, Obi, « Interview conducted by Alessandro Jedlowski », Londres 9 décembre 2009.

dans des coproductions transnationales (par exemple, Royaume-Uni / Nigéria / Sierra Leone pour *Echoes of War* et Royaume-Uni / Nigéria / Gambie pour *The Mirror Boy*), a utilisé du matériel de tournage de haute qualité et a ciblé le public des salles cinématographiques. En appliquant ces stratégies de production et de distribution, il a réussi à être le premier réalisateur de Nollywood à avoir vu ses films sortir directement dans les salles du circuit Odeon partout au Royaume-Uni. Avec un certain nombre d'artistes nigérians de la diaspora en 2010, il a promu une initiative du British Film Institute à Londres pour sanctionner la naissance d'une nouvelle vague dans le cinéma nigérian, un mouvement qui a marqué l'émergence de ce qui est aujourd'hui communément appelé « New Nollywood[39] ». En appliquant cette stratégie, Emelonye s'est aligné sur le travail d'un certain nombre d'autres réalisateurs nigérians de la diaspora actifs aux États-Unis et au Canada qui ont produit des films à budgets plus élevés à l'intention des publics de la diaspora africaine. Alors que le travail de ces réalisateurs amène le cinéma nigérian à occuper une nouvelle position dans le paysage cinématographique mondial, leurs films ont subi d'importantes transformations esthétiques et narratives qui les ont éloignés progressivement du public populaire nigérian. Pour obtenir une plus grande reconnaissance, ces réalisateurs ont évolué vers des formats narratifs et esthétiques plus standardisés, plus adaptés aux publics internationaux.

Alors que les stratégies de production d'Izoya tentent de réduire la distance entre les films grand public de Nollywood et les productions diasporiques en acceptant les règles du marché de la vidéo nigériane, l'attitude d'Emelonye est orientée vers la création d'un espace pour l'émergence de films d'auteur au sein de Nollywood, un mouvement qui vise à repositionner Nollywood sur la scène cinématographique mondiale. En prenant comme modèle le développement transnational récent de l'industrie de Bollywood, les réalisateurs et producteurs qui, comme Emelonye, adoptent cette stratégie, ont tendance à viser des publics africains de la diaspora dans le monde entier plutôt que les spectateurs nigérians au Nigéria. En conséquence, leurs films sont distribués en salle au Nigeria et dans des villes comme Londres, Paris

39 Jedlowski, Alessandro, « From Nollywood to Nollyworld: Processes of transnationalization in the Nigerian video industry », *op. cit.* Et haynes Jonathan, « New Nollywood : Kunle Afolayan », *op. cit.*

et Houston (pour ne citer que quelques exemples), mais ils sont à peine disponibles en format DVD et VCD dans les innombrables marchés en plein air qui caractérisent l'économie urbaine de l'Afrique de l'Ouest où, au contraire, les productions grand public bon marché de Nollywood dominent encore le paysage. Même si ces films produits dans la diaspora maintiennent un style plutôt axé sur le divertissement, ils tendent à adopter des formats narratifs et esthétiques qui reflètent leur nouvelle orientation en termes de marketing et de stratégies de production.

Les autres sociétés de production nigérianes de la diaspora mentionnées plus haut peuvent toutes se situer entre les pôles opposés représentés par les solutions adoptés par Izoya et Emelonye. Certains d'entre eux, comme IGB en Italie et Anaabel en Belgique, ont tendance à reproduire la formule classique de Nollywood mais souffrent du manque de relations avec les principaux acteurs économiques de l'industrie au Nigéria. Les œuvres mises sur le marché circulent difficilement en dehors des réseaux de la diaspora. Pour cette raison, ils ne sont pas économiquement autonomes et survivent grâce au dévouement constant de leurs créateurs et au soutien des communautés de la diaspora locale. D'autres sociétés, telles que GVK en Italie, ont essayé de dépasser les frontières du public diasporique nigérian ou africain mais alors même que leur tentative de créer un langage cinématographique interculturel pouvant plaire à un public africain et européen a bien été accueillie, elles se sont retrouvées dans une position ambiguë avec des films ni assez « à la Nollywood » pour captiver l'auditoire populaire nigérian, ni assez « européens » pour accéder à la distribution cinématographique en Occident.

CONCLUSION

Les sociétés de production diasporiques qui ne parvenaient pas à s'aligner étroitement sur les modèles de production nigérians ou européens, comme Izoya et Emelonye ont tenté de le faire, se sont retrouvées dans un espace intermédiaire reflétant la position radicalement vulnérable occupée par les cinéastes diasporiques eux-mêmes. En effet, les pratiques de production et de distribution, en Europe comme au Nigeria, sont fondées sur des processus complexes d'inclusion et d'exclusion sociale, économique et culturelle. Mais l'activité des sociétés de production nigérianes diasporiques attire également notre attention sur l'émergence et la consolidation des pratiques de production et de distribution qui habitent précisément ces interstices laissés en marge du champ d'action des industries cinématographiques consolidées. Ce sont des espaces qui, contrairement à ce que nous avons souvent tendance à penser, sont très dynamiques et productifs. Je ne parle pas ici de pratiques de cinéma amateur, ni de productions artistiques expérimentales telles que celles que, par exemple, Laura Marks (2000) a analysées attentivement – deux secteurs à leur tour extrêmement dynamiques. Je pense au contraire à l'activité des sociétés de production, comme celles analysées dans cet article, qui se conceptualisent comme faisant partie du *mainstream*, qui ont l'intention de produire du cinéma commercial et qui, en ce sens, sont désireuses d'accepter tous les compromis susceptibles de rendre leur succès commercial possible. Ces entreprises habitent un espace extrêmement complexe, dans lequel leurs grandes ambitions sont mises à rude épreuve par les moyens très limités dont elles disposent pour les atteindre, et où plusieurs systèmes de légitimation sont combinés afin de pouvoir accéder au plus large éventail d'options économiques possibles (en terme de financement, de production, d'accès aux publics, etc.).

Le contraste qui existe entre la manière dont ces sociétés de production et leurs collaborateurs conceptualisent leur propre travail (comme faisant partie du phénomène Nollywood et, donc, d'une industrie cinématographique dominante à l'échelle du continent africain) et la position réelle que ces entreprises occupent au sein de la société à l'intérieur de laquelle elles opèrent met l'accent sur des transformations importantes en cours dans le paysage de la production cinématographique européenne. Avec l'émergence et la consolidation de puissantes industries médiatiques dans les pays du Sud (telles que Nollywood), les centres qui autorisent et légitiment différentes pratiques cinématographiques se multiplient, de même que les circuits qui permettent à ces films de voyager et d'être économiquement rentables. Reprenons la notion de Brian Larkin[40] de modernités « parallèles » (formulée pour indiquer les formes de modernités qui ont émergés grâce à la multiplication des relations entre pays

40 Larkin, Brian, « Indian films and Nigerian lovers: Media and the creation of parallel modernities », Africa 67(3), 1997, p. 406-440.

du Sud et qui échappent souvent à l'attention des analystes basés en occident). On pourrait alors dire que l'existence et le travail des sociétés de production analysées dans cet article attirent notre attention sur un monde de pratiques cinématographiques « parallèles » qui ne peuvent être conçues comme (ou seulement comme) un ensemble de pratiques situées en marge de la production cinématographique européenne. Ce sont des pratiques de production qui habitent une double périphérie (par rapport aux industries cinématographiques européennes, d'une part, et par rapport à Nollywood, d'autre part) mais qui sont en même temps centrales dans la définition de nouvelles formes de concevoir le « cinéma fait en Europe », par opposition aux définitions, sur base identitaires, du « cinéma européen ». Ce sont ces pratiques qui font de l'Europe la périphérie d'un ailleurs (dans ce cas, le Nigéria et l'industrie vidéo nigériane), tout en inaugurant un espace où l'Europe (et ses pratiques en matière de film) peut interagir de manière nouvelle, significative et inattendue avec les périphéries du pouvoir culturel et économique euro-américain.

Alessandro JEDLOWSKI
Université Libre de Bruxelles
(Belgique)

BIBLIOGRAPHIE

Adejunmobi Moradewun, 2007, « Nigerian video film as minor transnational practice », *Postcolonial Text* 3(2). http://journals.sfu.ca/pocol/index.php/pct/article/view/548/405. 1-16.

Akynyemi Tony Dele et Leonard Ajayi-Odekhiran, 2010, « Interview conducted by Sophie Samyn », Eindhoven 24 avril 2010.

Anderson Benedict, 1983, *Imagined Communities: Reflections on the Origin and Spread of Nationalism*, Londres, Verso.

Ayorinde Steve, 1999, « Video and celluloid... a homeboy shoots up abroad », *The Guardian Nigeria*, 28 Janvier 1999, p. 47.

Barber Karin, 1987, « Popular Arts in Africa », *African Studies Review* 30(3), p. 1-78.

Barrot Pierre (ed.), 2005, *Nollywood : Le phénomène video au Nigeria*, Paris, L'Harmattan.

Berghahn Daniela et Claudia STERNBERG, 2010, « Locating Migrant and Diasporic cinema in contemporary Europe », in *European Cinema in Motion: Migrant and Diasporic Film in Contemporary Europe*, sous la direction de Daniela Berghahn et Claudia Sternberg, New York, Palgrave Macmillan, p. 12-49.

Bhabha Homi, 1994, *The Location of Culture*, Londres, Routledge.

Desai Jigna, 2004, *Beyond Bollywood: The Cultural Politics of South Asian Diasporic Film*, New York, Routledge.

Elsaesser Thomas, 2005, *European Cinema: Face to Face with Hollywood*, Amsterdam, Amsterdam University Press.

Emelonye Obi, 2009. « Interview conducted by Alessandro Jedlowski », Londres 9 décembre 2009.

Ganti Tejaswini, 2012, *Producing Bollywood. Inside the Contemporary Hindi Film Industry*, Durham, Duke University Press.

Grassilli Mariagiulia, 2008, « Migrant cinema: Transnational and guerrilla practices of film production and representation », *Journal of Ethnic and Migration Studies* 34 (8), p. 1237-1255.

Guneratne Anthony et Wimal Dissanayake (eds), 2003, *Rethinking Third Cinema*, New York, Routledge.

Haynes Jonathan (ed.), 2000, *Nigerian Video Films*, Athens, Ohio University Press.

Haynes Jonathan, 2003, « Africans Abroad: A Theme in Film and Video », *Africa & Mediterraneo* No. 45, p. 22-29.

Haynes Jonathan, 2013, « The Nollywood diaspora: A Nigerian video genre » In *Global Nollywood: Transnational Dimensions of an African Video Film*

Industry, sous la direction de Matthias Krings et Onookome Okome, Bloomington, Indiana University Press, p. 73-99.

Haynes Jonathan, 2014, « New Nollywood': Kunle Afolayan. » *Black Camera* 5(2), p. 53-73.

Jedlowski Alessandro, 2013, « From Nollywood to Nollyworld: Processes of transnationalization in the Nigerian video industry », in *Global Nollywood : Transnational Dimensions of an African Video Film Industry*, sous la direction de Matthias Krings et Onookome Okome, Bloomington, Indiana University Press, 25-45.

Jedlowski Alessandro, 2012, « On the periphery of Nollywood: Nigerian video filmmaking in Italy and the emergence of an intercultural aesthetics », in *Postcolonial Italy : Colonial Past in Contemporary Culture*, sous la direction de Cristina Lombardi-Diop et Caterina Romeo, New York, Palgrave McMillan, 239-252.

Kavoori Anandam P. et Aswin Punathanbekar (eds.), 2008, *Global Bollywood*, New York, New York University Press.

Larkin Brian, 1997, « Indian films and Nigerian lovers: Media and the creation of parallel modernities », *Africa* 67(3), p. 406-440.

Lionnet Françoise et Shu-mei Shih (eds.), 2005, *Minor Transnationalism*, Durham, Duke University Press.

Marks Laura, 2000, *The Skin of the Film: Intercultural Cinema, Embodiment, and the Senses*, Durham, Duke University Press.

Mayer Vicky, 2009 « Bringing the social back in : Studies of production cultures and social theory », in *Production Studies: Cultural Studies of Media Industries*, sous la direction de Vicky Mayer, Miranda Banks et John T. Caldwell, New York, Routledge, 15-24.

Mayer Vicky, Miranda Banks et John T. Caldwell (eds.), 2009, *Production Studies : Cultural Studies of Media Industries*, New York, Routledge.

Naficy Hamid, 2001, *An Accented Cinema: Exilic and Diasporic Filmmaking*, Princeton, Princeton University Press.

Odjegba Fred, 1996, « Nigerian film stars storm London », *Thisday*, 11 Octobre 1996.

Peterson Mark Allen, 2003, *Anthropology and Mass Communication: Media and Myth in the New Millennium*. Oxford, Berghahn Books.

Punathambekar Aswin, 2005, « Bollywood in the Indian-American diaspora. Mediating a transitive logic of cultural citizenship », *International Journal of Cultural Studies* 8(2), p. 151-173.

Samyn Sophie, 2010, *Nollywood in the Diaspora : An Exploratory Study on Transnational Aesthetics*, MA Thesis, Université de Gand (Belgique).

Sayad Abdelmalek, 1999, *La double absence*, Paris, Éditions du Seuil.

Thussu Daya K., 2008, « The globalization of 'Bollywood' : The hype and the hope », in *Global Bollywood*, sous la direction de Anandam P. Kavoori et Aswin Punathanbekar, New York, NYU Press, p. 97-116.

FILMOGRAPHIE

Abroad Wahala, Prince Frank Abieyuwa Osharhenoguwu, Italie, 2005.
Akpegi Boyz, Vincent Omoigui et Simone Sandretti, Italie, 2009.
Amazing World, John Osas Omoregie, Belgique, 2010.
Blinded Devil, Vincent Omoigui et Simone Sandretti. Italie, non terminé.
Dangerous Twins, Tade Ogidan, Nigeria / Royaume-Uni : 2004.
Dapo Junior, Tony Dele Akynyemi, Hollande, 2000.
Desperate Heart, John Osas Omoregie, Belgique, 2007.
Echoes of War, Obi Emelonye, Royaume Unis / Nigeria / Sierra Leone, 2003.
Efe-Obomwan, Vincent Omoigui, Italie, 2006.
From Amsterdam with Love, Tony Dele Akynyemi, Hollande, 2003.
Good Friends, Obi Emelonye, Royaume-Uni, 2000.
Holland Heat, Tony Dele Akynyemi, Hollande, 2002.
Igho Evbue Ebo, John Osas Omoregie, Belgique, 2003.
Kiki Marriage, Prince Frank Abieyuwa Osharhenoguwu, Italie, 2003.
Last Flight to Abuja, Obi Emelonye, Royaume-Uni / Nigeria, 2012.
Love in Berlin... The Meeting Point, Lancelot Oduwa Imasuen, Allemagne, 2007.
Lucky Joe, Obi Emelonye, Royaume-Uni, 2006.
Mama Why Me ? I & II, John Osas Omoregie, Belgique, 2008.
Nollywood abroad, Saartje Geerts, Belgiuque, 2008.
Osuofia in London, Kinglsey Ogoro, Nigeria / Royaume-Uni, 2003.
Run but Can't Hide I & II, Lancelot Oduwa Imasuen, Allemagne, 2008.
The Hard Nut to Crack, Prince Frank Abieyuwa Osharhenoguwu, Italie, 2008.
The Immigrant Eyes, John Osas Omoregie, Belgique, 2010.
The London Successor, Obi Emelonye, Royaume-Uni, 2006.
The Mirror Boy, Obi Emelonye, Nigeria / Gambia / Royaume-Uni, 2010.
The Only Way after Home, but It's Risky, Prince Franck Abieyuwa Osharhenoguwu, Italie, 2007.
Under Pressure, Tony Dele Akynyemi, Hollande, 1998.
Uwado, Vincent Omoigui et Simone Sandretti, Italie, 2008.
We are not slaves, Vincent Omoigui et Simone Sandretti, Italie, non terminé.
Zero your mind, Lancelot Oduwa Imasuen, Allemagne, 2003.

TRAJECTOIRES PERSONNELLES ET COLLECTIVES DANS *KINSHASA PALACE*

La traversée comme outil herméneutique

Ce texte propose une analyse de *Kinshasa Palace* (Zeka Laplaine, République Démocratique du Congo [RDC] / France, 2006)[1], dans lequel la traversée se fait parcours heuristique, quête et découverte par le voyage. Elle devient ainsi un outil d'interprétation de la condition africaine diasporique. Deux hypothèses sous-tendent notre réflexion. La première est que les films surgissent d'un contexte historique, politique et socioculturel bien défini. À la suite de Jean-Pierre Esquenazi[2], nous pensons que les œuvres de fiction représentent une partie de la réalité (ou au moins une interprétation) et exemplifient l'univers de leurs réalisateurs. Dans cette perspective, nous voulons explorer comment, dans les fictions d'auteur, les cinéastes portent à l'écran une partie de leur monde et de leur expérience. La seconde est que l'espace de la diaspora est marqué par des croisements, par la mobilité, par l'itinérance, par des processus de déterritorialisation et de reterritorialisation intégrant toutes les fractures et les richesses que la migration comporte. Nombre de réalisateurs et de réalisatrices contemporains des diasporas africaines expriment dans leurs films, à la fois la condition diasporique, le fait d'être africain, d'appartenir à un continent qui a subi un processus de déculturation – du fait de l'esclavage et de la colonisation – et d'avoir longtemps été l'objet de la représentation unilatérale du discours de l'autre. Ils affirment leur vision subjective et mettent en scène des passages dans le temps et dans l'espace ainsi que des circulations, dans

1 Coproduction entre Bakia Film et Les Histoires Weba (France) ; image : Zeka Laplaine, Octavio Espirito Santo ; son : Christophe Couget-Moreno ; musique : Gilles Fournier ; montage : Agnès Contensou. Le réalisateur est parfois indiqué sous le nom de José Laplaine.

2 Esquenazi, Jean-Pierre, *La vérité de la fiction. Comment peut-on croire que les récits de fiction nous parlent sérieusement de la réalité ?*, Paris, éd. Hermès-Lavoisier, 2009.

un mouvement qui est, en même temps, réel et allégorique et qui peut devenir une façon de regarder le monde.

À partir de ces deux hypothèses, nous voulons explorer le motif cinématographique de la « traversée » spatio-temporelle en tant que clé d'interprétation, un sésame épistémologique qui permettrait d'étudier la représentation des quêtes et des tentatives de reconstruction historique et identitaire des diasporas africaines. La traversée qui est à la fois territoriale, culturelle et métaphorique, permet de modifer la perception du monde. Par un déplacement des points de vue et une conséquente multiplication de perspectives, elle enrichie et renouevelle la façon de regarder.

En ce sens, *Kinshasa Palace* est un film emblématique, fondé sur le mouvement et le dépassement des frontières, non seulement au niveau de l'intrigue, mais également à travers la forme narrative et cinématographique. Nous y retrouvons une narration subjective de l'Histoire et une relecture du passé, une traversée de frontières géographiques (entre trois pays et trois continents) tout autant que stylistique. Il propose un syncrétisme formel, à travers l'utilisation d'images de natures diverses (des images filmées lors du tournage du film, d'autres montée comme si elles avaient été enregistrées précédemment, des images d'archives – familiales et historiques –, des photos) et le recours à des registres narratifs variés (narration polyphonique, à la première, deuxième ou troisième personne ; récit à la fois personnel et historique). *Kinshasa Palace* questionne également les frontières entre l'espace privé et l'espace public, entre l'individuel et le collectif, entre le personnel et le politique.

RECOMPOSITIONS IDENTITAIRES, NARRATION DISCONTINUE ET SYNCRÉTISME STYLISTIQUE

Entre fiction et documentaire, le récit se déroule sur plusieurs niveaux narratifs et diégétiques. Kaze (Zeka Laplaine), un métis congolais vivant à Paris, est chargé par sa famille de retrouver son frère, Max, qui vient de disparaître sans explication et sans laisser de traces. Le récit avance par va-et-vient temporels, le passé faisant irruption dans la fiction et permettant de comprendre le présent. Peu à peu, au fil du récit, nous découvrons que Max et Kaze sont les petits derniers d'une fratrie de sept enfants. Très vite, ils se retrouvent seuls, les autres frères et sœurs ayant quitté le Congo en raison de la guerre et des troubles politiques. Par la suite, eux aussi partent faire leurs études à l'étranger et, dans la migration, leurs chemins se séparent. Le premier se marie et a trois enfants. Après son divorce, il rejoint son frère à Paris. Un jour, alors qu'il vient, comme d'habitude, d'accompagner ses enfants à la gare, Max disparaît. Kaze, qui s'était auparavant éloigné de la famille, est appelé depuis Kinshasa pour mener l'enquête. Voilà que pour réunir deux frères en France, c'est la famille qui intervient depuis la RDC, indépendamment de la distance géographique. Dès lors, Kaze commence à reconstruire, comme dans un rébus, la trajectoire de son frère, entre temps présent et souvenirs passés. Le spectateur recompose, avec le protagoniste, l'histoire familiale comme un puzzle auquel il manque des morceaux. Nous retrouverons le même dispositif narratif dans *Teza*, de l'Éthiopien Haile Gerima (2008), où le protagoniste Anberber, pour se retrouver, doit reconstruire son passé comme s'il avait à résoudre une énigme[3]. Comme l'écrit Olivier Barlet à propos de *Kinshasa Palace* :

> L'histoire familiale nous donne des pistes, en un puzzle finement monté, qui ne dévoile que peu à peu ses pièces. Le père réfugié sans joie à Lisbonne, nostalgique d'un monde fini, le Congo colonial ; Kinshasa Palace, le nom d'un vieux cinéma[4]. Le conflit avec le père, avec la nostalgie du père. Les musiques (congolaises mais aussi portugaises) l'évoquent tandis que les photos d'époque en sont empreintes, comme les esprits[5].

Nous suivons le point de vue du protagoniste, nous nous perdons avec lui. Des espaces et des temps lointains seront unis par des fils invisibles. En essayant de tisser les fils de la vie de Max, c'est sa propre famille que

3 Après des années de formation en Allemagne, avec l'espoir de revenir en Éthiopie et contribuer au changement de son pays, et après des années de luttes politique dans la capitale Addis Abeba, Anberber (Aaron Arefe) rentre dans son village natal, amputé d'une jambe et de sa mémoire. Il est perdu, il n'a plus ses repères. Il devra reconstruire son passé oublié, du fait des traumatismes et des violences de l'histoire, dont une agression raciste. *Teza* raconte la désagrégation intérieure et psychologique d'Anberber à travers un montage parfois haché, dans une structure narrative à spirale où s'imbriquent le passé et le présent, le virtuel et le réel. Pour approfondir, voir Ricci, 2016, p. 189-220.

4 Olivier Barlet fait en effet référence au cinéma « Le Palace ».

5 Barlet, Olivier, « Kinshasa Palace », <www.africultures.com/php/?nav=article&no=6788>, 2007, consulté le 5 juin 2015.

Kaze retrouve. Par le biais de cette fiction, en effet, le cinéaste interroge ses proches sur leur expérience d'abandon et de séparation.

La narration procède en utilisant des images de diverses natures. Dans l'intrigue fictive, Kaze retrouve des vidéos que Max avait enregistrées avant de partir et notamment, des entretiens avec les membres de sa famille. Plusieurs statuts iconiques s'enchevêtrent.

Les entretiens que Max aurait filmés avant de partir et que Kaze regarde tendent à faire partie intégrante de la narration.

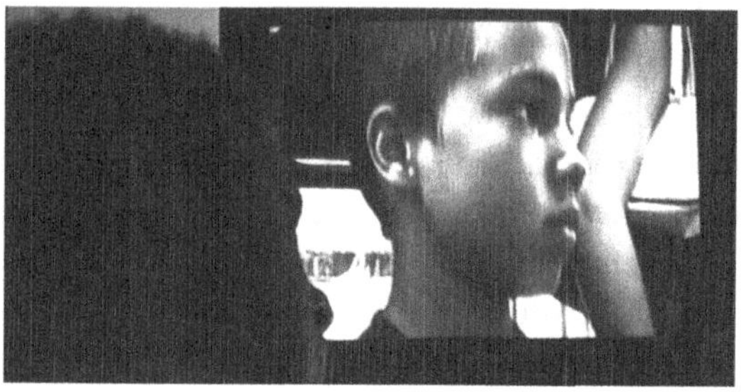

FIG. 1 – © Bakia Film et Les Histoires Weba, aimable autorisation de Zeka Laplaine.

Parfois, nous voyons Kaze regarder ces images sur un écran, ce qui nous permet d'en reconnaître la nature. Lorsqu'il observe l'écran, la silhouette de son visage, de profil, est proche du gros plan de l'enfant sur l'écran, dans l'écran. Bien qu'ils n'appartiennent pas au même espace, les deux personnages sont ainsi mis en relation, (fig. 1).

Parfois, elles entrent de manière autonome dans la diégèse principale et les spectateurs peuvent en oublier le statut et imaginer se trouver directement face aux protagonistes qui se racontent (fig. 2).

FIG. 2 – © Bakia Film et Les Histoires Weba, aimable autorisation de Zeka Laplaine.

Les narrateurs et les langues alternent tout le long du film dans un récit polyphonique. La mère narre les déchirures familiales en langue tshiluba, mais nous entendons aussi le français, le portugais, l'anglais et une langue cambodgienne. Le récit des errances se fait entre personnel et politique, sur une alternance du passé et du présent, d'images de Léopoldville, de Paris, de Lisbonne, d'extérieur et d'intérieur d'appartements familiaux dans les divers pays.

Le réel se révèle à la caméra, devant laquelle chacun des protagonistes se raconte au cinéaste (tour à tour, fils, frère, père) comme jamais auparavant. C'est un fort témoignage contre l'intolérable de la guerre. Le récit de la sœur Nenette, envoyée encore bébé, seule, au Portugal en raison de la guerre et des troubles qui ont précédé l'indépendance du Congo, le montre bien. Sa douleur fait écho à celle de la mère, restée au pays, irrémédiablement contrainte de laisser partir sa fille. Ses solitudes résonnent avec celle du père à Lisbonne et des autres frères, chacun marqué par sa propre trajectoire de séparation et par ses blessures. Les déchirures de cette famille deviennent une métonymie des fractures sociales et politiques du Congo, et plus globalement de l'Afrique.

Ce film reflète l'univers du cinéaste et son existence habitée par la traversée des langues, des pays, des cultures et de narrations. Né au Congo d'une mère congolaise et d'un père portugais en 1960 (au moment de l'indépendance, la même année de naissance de Max dans le film), Laplaine arrive en France à l'âge de 18 ans. Puis il part étudier la gestion d'entreprise à l'université américaine de Rome, ville où il commencera à faire du théâtre, jouer dans des publicités, puis doubler des films à *Cinecittà*. Il poursuit ses études à l'école d'art dramatique Parallax à Bruxelles avant de revenir en France pour s'installer ensuite en Chine après avoir vécu au Portugal. Après des années de carrière en tant que comédien dans les films d'autres réalisateurs, il commence à écrire ses propres histoires. Il passe derrière la caméra, suite à l'amer constat qu'il n'y avait pas de rôles satisfaisants pour lui dans les films européens. Comme il le dit, en Europe, sur un scénario, « quand on ne spécifie pas "Noir", le rôle est forcément pour un Blanc[6] ». C'est ainsi qu'il réalise son premier long-métrage, *Macadam Tribu* (1996)[7].

6 Barlet, Olivier, « Entretien avec Zeka Laplaine », <www.africultures.com/php/?nav=article&no=2487>, 2002, consulté le 5 juin 2015.

7 *Macadam Tribu* (RDC / Mali / France / Centre national de production cinématographique (CNPC), Mali / Flamingo Films, Paris – Bakia Films, Kinshasa) a été sélectionné à la

Il narre les vicissitudes inspirées de la réalité d'une famille afin de représenter la situation du continent après la colonisation. Pour produire ses films, Laplaine avait fondé en 1995 la maison de production Bakia Film en RDC ; en 1998 il fonde Les Histoires Weba avec Jane Roger, en France. La présentation de cette société vient renforcer nos propos :

> Les Histoires Weba sont nées pour répondre à un désir d'indépendance créatrice. L'idée étant de promouvoir, à travers la production de films, un esprit « sans frontières » naviguant entre l'Europe, l'Afrique, l'ici et l'ailleurs… D'articuler l'urbanité et l'évasion ; de créer un espace toujours nomade entre intimité et universalité. Bref, faire exister Les Histoires Weba, c'est en quelque sorte prendre le parti de sortir de la « clandestinité » pour rendre visible la mixité. Nos films sont à la frontière entre le Sud et le Nord, frontière que nous voulons dépasser en fabriquant et en donnant à voir des films africains différents, résolument modernes et souvent urbains[8].

Comme d'autres cinéastes de son continent, tel Sembène Ousmane l'« homme-orchestre », Zeka Laplaine traverse les frontières des métiers. Il est scénariste, réalisateur, acteur, producteur et distributeur.

Il est intéressant de remarquer que les enfants, les neveux de Kaze dans la fiction, sont joués par Ambre, Gaspard et Iris Laplaine, à savoir les enfants du réalisateur. Les autres personnages sont interprétés par les parents et les sœurs du cinéaste. Le réalisateur interprète le personnage principal, Kaze, ce prénom étant tout simplement l'anagramme du sien, Zeka. Kaze incarne, en quelque sorte, à la fois le double du cinéaste et le double de Max, le frère qui a disparu, et dont nous ne saisissons l'être qu'à travers son absence et le récit des autres. Le réalisateur s'amuse à mélanger les plans : par exemple, dans le générique de son documentaire *Après la gare*, le narrateur (incarné par lui-même) est crédité comme « Kaze Laplaine, dit Max ». En outre, dans un registre interfilmique,

---

Quinzaine des Réalisateurs, Festival de Cannes 1996. Cette comédie dramatique – avec la musique du célèbre chanteur congolais Papa Wemba – raconte la vie dans une métropole d'Afrique, à travers les péripéties et les déboires de Maman Bavusi, rejetée par son mari blanc, et de ses enfants. Elle devient une allégorie de la condition du continent africain. La mère « est comme un symbole de l'Indépendance, avec ce sentiment d'abandon de la part d'une population qui, même si elle désirait son autonomie, s'est retrouvée avec la guerre et des écoles qui ferment… Une certaine génération aujourd'hui âgée en vient même à regretter l'époque coloniale, qui ne voit pas bien que la situation présente est liée à cette présence coloniale… » explique Zeka Laplaine (Barlet, 2002).

8 Africiné, « Les Histoires Weba (Fiche) », <www.africine.org/?menu=fichedist&no=317>, consulté le 2 janvier 2018.

Max est le protagoniste – encore interprété par le cinéaste lui-même – d'un de ses précédents films, *Paris : XY* (2001)[9].

De surcroît, dans *Kinshasa Palace*, au fur et à mesure que l'intrigue progresse, les deux personnages se confondent et Kaze prend petit à petit la place de Max. À la fin du film, il amène ses neveux à Bruxelles et envisage de partir avec eux à Kinshasa, le voyage que Max rêvait de leur offrir pour leur faire connaître le pays et la famille. C'est encore la traversée qui offre une possible sortie de l'impasse. De fait, c'est le protagoniste qui se cherche. Le cinéaste dit à ce propos : « Il est vrai que *Kinshasa Palace* est un film "schizophrène", parce que je cherche mon frère, mais ce frère disparu qui a filmé ses enfants, c'est moi[10]… ». Ce complexe jeu identitaire symbolise bien l'idée de la quête d'identités plurielles et en devenir, qui se construisent dans le mouvement.

MOUVEMENT, VOYAGE, DEVENIR

Kinshasa Palace est le fait d'un regard en mouvement, à « l'intersection de diverses histoires et mémoires[11] ». C'est justement dans le mouvement et la déterritorialisation que la quête identitaire est mise en forme dans nombre de films contemporains des diasporas noires, par des styles souvent composites[12]. Ces derniers, comme l'affirme Olivier Barlet, « questionnent par un voyage dans le monde. Leur nomadisme est une philosophie, celle de comprendre que l'enrichissement vient de l'Autre[13] ».

9 *Paris : XY* (fiction, 2001, RDC / France, Bakia Films, Les Histoires Weba) est l'histoire d'une séparation. C'est un film d'improvisation, habilement filmé dans un noir et blanc majestueux, où Max est absent de la maison, du couple, de lui-même. Abandonné par sa femme, il ne voit plus ses enfants. Peu à peu, il perd ses repères et vague dans les rues de Paris, qui devient une ville-personnage.

10 Conversation personnelle, Paris, mai 2015.

11 Chambers, Iain, *Migrancy, Culture, Identity*, Londres, Routledge, 1994, p. 6.

12 Voir par exemple *L'Afrance, Teza, Notre étrangère, Juju Factory, Tant qu'il vit, Morbayassa, Des étoiles.*

13 Barlet Olivier, *Les cinémas d'Afrique des années 2000. Perspectives critiques*, Paris, L'Harmattan, coll. Images plurielles, 2012, p. 125.

Kinshasa Palace est un voyage à la fois réel et symbolique, une quête, qui se réalise dans le déplacement. L'intrigue démarre à Paris et nous transporte à Kinshasa, Lisbonne, Bruxelles, puis au Cambodge où Max est censé se trouver. Il est intéressant de remarquer que, si Kaze arrivera jusqu'à l'habitation de Max au Cambodge, il découvrira que ce dernier sera encore parti sans laisser de traces, comme dans une quête d'un ailleurs sans cesse renouvelée. Il est vrai aussi que ce n'est pas tant le dénouement de l'intrigue fictive de la recherche du frère qui intéresse, mais la reconstruction des trajectoires familiales. Ici, le voyage « prend la forme d'une interrogation sans fin[14] ». Il s'agit d'une quête existentielle, au-delà de l'ancrage territorial. Comme l'affirme Sheila Petty, « peut-être est-ce le voyage qui définit l'identité[15] ». Rien n'est figé, tout est en devenir, ce sont des questionnements dans lesquels une grande importance est accordée au parcours, à l'imprévisible du métissage et de la recomposition identitaire dans l'espace de la diaspora. En ce sens, les débordements des limites, lesquelles n'ont pas seulement la fonction de séparer, mais également de permettre d'unir diverses parties, aident à élargir les perspectives. *Kinshasa Palace* représente bien ce que Homi K. Bhabha définit comme « tiers-espace », c'est-à-dire un espace nouveau et hybride « qui rend possible l'émergence d'autres positionnements » (Bhabha, Rutherford, 2006, p. 99), d'interstices, de nuances, d'un nouveau terrain de négociation et de nouvelles représentations. Le voyage est fait d'imprévus, d'incertitudes, d'ouvertures vers l'avenir et la découverte. Il transforme la vision. Ainsi, *Kinshasa Palace* s'ouvre et se termine sur un flou. Le point d'arrivée étant incertain dans cette aventure erratique, c'est surtout le départ qui intéresse le réalisateur. « J'écris intuitivement mais toujours avec un point de départ. Qui peut être flou d'ailleurs », dit Zeka Laplaine (Barlet, 2003). C'est dans ce flou artistique que le protagoniste peut exister.

Le récit commence justement par un mouvement et une incertitude : un long travelling en contre-plongée montre un ciel nuageux où défilent les câbles du train sur lequel est placée la caméra.

---

14 Chambers, Iain, *Migrancy, Culture, Identity*, *op. cit.*, p. 2.

15 Petty, Sheila J., *Contact Zone. Memory, Origin and Discourse in Black Diasporic Cinema*, Detroit, Wayne State University Press, 2008, p. 1.

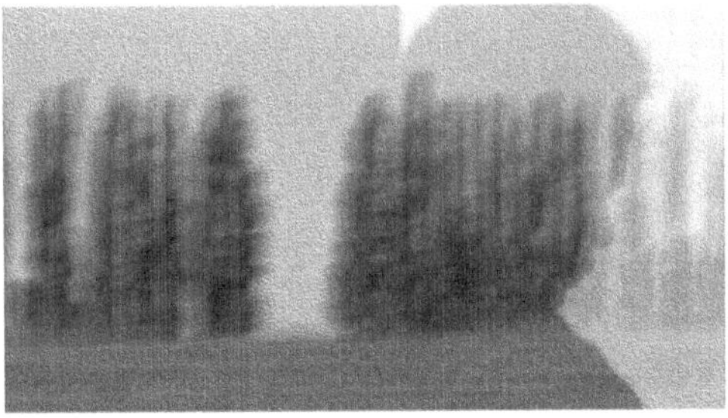

FIG. 3 – © Bakia Film et Les Histoires Weba,
aimable autorisation de Zeka Laplaine.

Puis la caméra descend et offre une vue par la fenêtre du train, toujours en marche, avec en surimpression l'ombre d'un homme, Kaze (fig. 3). Cette image se retrouvera presque à l'identique à environ trois quarts du film. Aucun dialogue n'a encore été prononcé. Nous ne savons rien du protagoniste, qui reste pour le moment indéfini.

Ce n'est pas le retour au point de départ, mais une nouvelle rencontre avec soi, et la réflexion (littéralement, le reflet) d'une évolution, notamment par le voyage. Cette fois, l'espace vide devant lui laisse place à une nouvelle histoire encore à écrire. L'image du début ne présente aucune musique tandis que celle de la fin est accompagnée d'une mélodie congolaise extra-diégétique.

FIG. 4 – © Bakia Film et Les Histoires Weba,
aimable autorisation de Zeka Laplaine.

FIG. 5 – © Bakia Film et Les Histoires Weba, aimable autorisation de Zeka Laplaine.

Toujours dans le plan initial mais plus loin, après une image du flanc du train, apparaît une autre silhouette, similaire à la première, mais tournée de l'autre côté et avec une coupe de cheveux différente. Tout laisse imaginer le frère (fig. 5).

Le voyage d'un personnage vers l'autre ? La circulation vient-elle combler l'écart entre le personnage et son double ? L'homme se tourne vers la caméra, mais il est vite effacé par un plan noir sur lequel s'affiche le titre, *Kinshasa Palace.* Puis, la silhouette du premier homme (Kaze) de dos, en contre-jour et décentrée du cadre, regarde dehors, depuis le train en marche. Une narration en voix *off* à la première personne commente : « Si je devais vous parler de Max je ne saurais pas où commencer ». Voici, après ces premières images floues et brouillées, encore une déclaration d'indéfini, d'absence, d'énigme.

HISTOIRE PERSONNELLE / HISTOIRE COLLECTIVE

La narration de Kaze se poursuit sur des images d'archives de Léopoldville[16]. Le récit personnel de la rencontre de ses parents nous amène au cœur de la complexité de l'histoire coloniale.

16 La narration suit l'évolution historique des noms de la ville et du pays, le Congo Belge, devenu Zaïre, puis République démocratique du Congo (RDC). En revanche, dans une narration personnelle remplie de nostalgie, le père du protagoniste à Lisbonne continue d'appeler le pays Zaïre.

Par un procédé iconique similaire, des photos d'archive familiales (fig.7) se mêlent aux archives nationales (fig. 6).

FIG. 6 – © Bakia Film et Les Histoires Weba, aimable autorisation de Zeka Laplaine.

FIG. 7 – © Bakia Film et Les Histoires Weba, aimable autorisation de Zeka Laplaine.

La mémoire familiale est vite rattrapée par l'Histoire. Nous apprenons ainsi que Max est né en 1960, l'année de l'indépendance du Congo, l'année de « la liberté promise », explique Kaze. Sa narration personnelle de l'histoire en illustre les conséquences sur la vie quotidienne.

La famille de Max et Kaze (tout comme celle du cinéaste) est écartelée entre l'Afrique et l'Europe, entre la République démocratique du Congo, l'Angola, le Portugal, la France et la Belgique. Cette situation est commune à de nombreuses familles congolaises, si bien que la trajectoire individuelle se fait parcours collectif, touchant au passé colonial et à l'histoire politique. Cette même combinaison du présent et du passé, de l'historique et du politique, se retrouve dans *Le jardin de papa* (Zeka Laplaine, 2004) où l'intrigue fictionnelle opère sur fond de farce électorale[17]. L'histoire, le passé colonial, l'exil sont des thèmes récurrents des fictions des cinéastes subsahariens diasporiques. Ainsi, *Juju Factory* (Balufu Bakupa-Kanyinda, France / RDC, 2005) ou *L'Afrance* (Alain Gomis, France / Sénégal, 2001), deux longs-métrages de fiction aux récits non linéaires jalonnés de *flash-back*, intègrent des images d'archives (par exemple des photos de Patrice Lumumba, entre autres).

La figure de Lumumba revient immanquablement dans *Kinshasa Palace*, par le biais d'images d'archive[18]. « Nous étions trop jeunes pour comprendre que lorsque Lumumba a été assassiné, nous glissions tout doucement vers la dictature », explique Kaze. Cela devient ici également l'occasion d'une relecture subjective du passé historique.

L'histoire familiale est racontée sur la toile de fond de l'Histoire nationale, parce qu'elles sont strictement liées. Ainsi, se mélangent aussi les plans personnel et politique. C'est justement dans la superposition du privé et du public, de l'individuel et du collectif que des films tels que *Kinshasa Palace* deviennent politiques. Dans son livre *L'image-temps*, Gilles Deleuze décrit comment, dans le cinéma politique moderne, les frontières entre public et privé s'abolissent et « l'affaire privée se confond avec l'immédiat-social ou politique[19] ». C'est ainsi que ces films peuvent devenir « un acte de parole[20] ». Nous pouvons également considérer *Kinshasa Palace* comme un film « mineur », suivant la définition de Deleuze et Guattari selon lesquels, dans une littérature majeure, les espaces publics et privés restent bien distincts et séparés, alors que dans une littérature mineure, cette frontière disparaît. « Son

17 À l'occasion de son voyage de noce, Jean (Laurent Labasse) revient avec sa femme Marie (Rim Turki) dans son pays natal, la RDC. C'est la veille des élections et l'atmosphère est lourde. Suite à un accident (le taxi où ils se trouvent renverse un enfant), ils sont poursuivis par la police et vont se cacher, violant le domicile d'une femme. Jean, fils de colons, croit connaître le pays et il pense pouvoir tout résoudre avec l'argent. « C'est l'Afrique, dans la tête de certaines personnes : les colons ou les fils de colons qui considèrent l'Afrique comme un jardin privé où ils peuvent tout faire, mais aussi certains de nos dirigeants qui gèrent leur pays comme un jardin privé. Mon personnage principal revient au pays où il a grandi avec cet esprit et le film est traversé par la proximité de la farce électorale », explique Zeka Laplaine à Olivier Barlet (2003).

18 En dehors de deux films que Raul Peck lui a entièrement consacrés, la figure de Lumumba est souvent évoquée dans le cinéma africain. Par exemple, dans deux films de Sembène Ousmane : en poster dans la chambre d'un ami de la protagoniste dans *La Noire de …* (1966), ainsi que parmi les portraits de la maison de *Faat Kiné* (2000).

19 Deleuze Gilles, *L'Image-temps*, Paris, Les Éditions de Minuit, 1985, p. 284.

20 *Ibid.*, p. 298.

espace exigu fait que chaque affaire individuelle est immédiatement branchée sur la politique[21] ».

Kinshasa Palace dénonce ainsi la colonisation, la dictature, les dérives de la politique intérieure et des systèmes internationaux. Il donne à voir à quel point la complexe histoire du Congo, le passé colonial, les rêves inaccomplis de l'indépendance, le régime et la guerre ont des conséquences directes sur la vie des gens, provoquent des ruptures familiales, des migrations, des abandons, des absences. Laplaine avait déjà abordé le drame de la migration de façon très originale dans *Le clandestin* (1996)[22]. Dans *Kinshasa Palace*, il s'agit aussi de l'absence ressentie par ceux qui restent, comme dans le long-métrage au titre emblématique, *L'absence* (Mama Keita, Guinée / France, 2009)[23].

L'ABSENCE COMME STYLE NARRATIF

Ce sentiment d'absence, déjà présent dans *Paris : XY*, est encore plus évident dans *Après la gare* (2010)[24], un documentaire que Laplaine a monté avec les *rushes* de *Kinshasa Palace*. Avec les mêmes *rushes*, Laplaine a réalisé une sorte de triptyque : *Kinshasa Palace*, le documentaire *Après la gare* et le court-métrage de fiction *Troubles* (2015). Dans *Après la gare*, Max (interprété par Zeka Laplaine) explique les raisons de son départ. Malgré son récit subjectif, il manifeste une sorte d'absence ; il n'apparaît presque jamais entièrement à l'écran et figure le plus souvent comme une ombre, ou bien morcelé par le cadre. *Troubles*, un court-métrage

21 Deleuze, Gilles, Guattari Félix, *Kafka, pour une littérature mineure*, Paris, Les Éditions de Minuit, 1975, p. 30.

22 Ce court-métrage de 15 mn en noir et blanc aborde le drame de la migration sur un ton burlesque, par des gags sans dialogues, dans le style du cinéma muet. Le cinéaste incarne un policier noir « assimilé » qui poursuit un immigré clandestin dans le / jusqu'au port de Lisbonne.

23 Guinée / France ; Marofilms / Kinterim production. Ce polar raconte les mésaventures d'Adama, un Sénégalais bien installé en France qui rentre temporairement dans son pays où il se sent étranger et qui est accusé par sa famille de ne pas s'occuper des siens, d'être absent.

24 Ce documentaire a été monté plus tard, mais il constitue une sorte de prologue à la fiction *Kinshasa Palace.*

allégorique, constitue la synthèse des deux premiers films. Un homme (encore une fois interprété par Laplaine lui-même) part d'Afrique pour aller chercher sa tête au Cambodge. Il a changé et, ne se reconnaissant plus, doit se reconnecter avec lui-même. C'est encore une quête de soi qui se réalise dans l'itinérance.

Dans *Kinshasa Palace*, le récit est également organisé sur l'absence. L'intrigue fictive (la quête du frère qui n'est plus là) est centrée sur la pièce manquante. Pour combler cette absence le protagoniste essaye de reconstruire son parcours, l'histoire de sa famille et de son pays. L'esthétique est marquée par la non-présence, par l'impossibilité d'être (là). Quelques fois la caméra reste fixe, comme pour figer une absence qui paralyse. Elle s'arrête fréquemment sur des objets appartenant à Max, des pièces vides, une valise ouverte au sol, un avion traversant le ciel, des fenêtres ouvertes sur le ciel, comme pour souligner le manque de quelqu'un qui est parti ailleurs.

FIG. 8 – © Bakia Film et Les Histoires Weba, aimable autorisation de Zeka Laplaine.

Parfois Kaze se met en scène comme le spectateur de sa propre vie. Il est souvent montré de dos, décentré, par exemple derrière la grille, regardant d'en haut les rails du train (fig. 8).

La plupart du temps Kaze est filmé par morceau (un bras, les jambes, la tête, une partie de son corps...) ou bien de dos, en contre-jour, ou en silhouette. Kaze apparaît dans divers lieux et situations mais toujours seul, de dos, en silhoette ou par morceaux. L'idée d'une absence, d'une impossibilité à exister pleinement jusqu'à ce que les divers fragments ne soient recomposés.

Nous le voyons seulement en partie et décadré au téléphone, emblème de la communication à distance. Nous entendons la voix de ses proches souvent sans les voir. Ils apparaissent dans la représentation d'eux-mêmes, dans les photos en arrière-plan (fig. 9). À travers le téléphone, certains éléments du réel font irruption dans la fiction, notamment l'actualité en RDC (notamment la sœur raconte des élections imminentes).

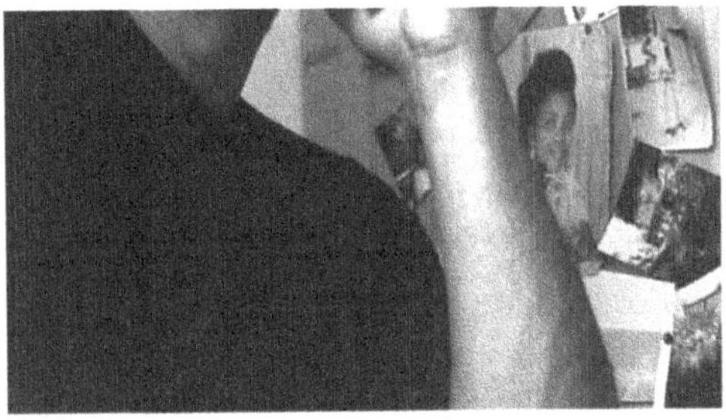

FIG. 9 – © Bakia Film et Les Histoires Weba,
aimable autorisation de Zeka Laplaine.

Ce n'est qu'à la fin du film que l'on saura rassembler les diverses pièces pour reconstruire l'histoire. Kaze ne retrouvera pas son frère (qui n'existe pas)[25], le processus heuristique étant plus important que le résultat. Kaze aura pourtant ainsi retracé la vie de sa famille, dans laquelle se sont condensés les drames historiques du Congo. Le film se déploie aussi sur deux niveaux de signification : alors que la souffrance, les raisons des départs, des abandons, des séparations de la plupart des personnages (la guerre par exemple) sont très clairement expliquées, on ne saura en revanche rien des motivations qui ont poussé Max à partir. Comme si l'on pouvait déceler deux niveaux de lecture, l'un plus rationnel dans lequel on peut comprendre les raisons concrètes de ces drames et un autre plus émotif, pour lequel cette situation reste inacceptable.

25 Le vrai frère, que l'on voit enfant dans les photos de famille, n'entre jamais dans l'espace diégétique.

LA TRAVERSÉE COMME OUTIL HERMÉNEUTIQUE

Tout, dans *Kinshasa Palace*, est traversée, pluralité, syncrétisme, incertitude, questionnement, devenir. Ce long-métrage raconte l'abandon et la déchirure, mais c'est justement par la traversée que le protagoniste – et le cinéaste – tente de rassembler les morceaux pour reformer une unité familiale et réinterpréter l'histoire. Ne restant pas enfermé dans les limites imposées, il déborde, il va chercher ce qu'il ne peut pas trouver dans la fixité. À la fin du voyage, l'expérience stratifiée de divers territoires traversés vient donner du sens à l'ensemble. C'est par la traversée que peuvent se produire des recompositions identitaires.

Pour illustrer l'écartèlement de cette famille – qui représente aussi la condition de nombreuses autres familles congolaises et africaines – le réalisateur choisi un style composite qui brouille les formes et traverse les temps, les espaces. Le montage parfois saccadé reflète la recomposition à partir de fragments. Des divagations à tout instant, des longs plans-séquences et des images fixes, le mélange de registres narratifs et iconiques, l'alternance des narrateurs dans une polyphonie plurilinguistique font avancer la narration chorale, offrant une multiplicité de perspectives. Le personnel et le collectif, le privé et le politique s'imbriquent, tout comme l'histoire qui embrouille les noms des pays et des villes, qui promet l'indépendance et ouvre la porte à la dictature.

En ce sens, le monde fictionnel, la structure narrative et la proposition formelle de *Kinshasa Palace* rendent compte de l'expérience du cinéaste. Son positionnement aux carrefours des cultures, dans des « interstices mobiles[26] », lui confère un regard particulier sur le passé et sur le présent. Le déplacement physique opéré par la migration redéfinit la façon de regarder et devient décentrement perceptif de la narration historique. Est donc proposée une nouvelle façon d'appréhender la réalité, de nouvelles épistémologies et des formes filmiques non conventionnelles nécessaires pour exprimer l'hybridité culturelle et faire dialoguer présent et passé. *Kinshasa Palace* illustre ce « recadrage » de la trajectoire personnelle et historique. Comme l'affirme Olivier Barlet, « C'est toute la réussite de ce film que de nous faire percevoir, avec une grande simplicité, une belle

26 Chambers, Iain, *Migrancy, Culture, Identity*, *op. cit.*, p. 15.

retenue, que la manière de filmer sa famille est une façon de regarder le monde[27] ».

C'est dans ce regard que réside l'intérêt du film. Il dépasse largement les envies autobiographiques pour soulever des questions cruciales. *Kinshasa Palace* adopte un point de vue postcolonial qui associe réflexion théorique et expérience personnelle pour forger une esthétique de l'errance et du dépassement des frontières géographiques, linguistiques et formelles.

Le motif de la traversée constitue ainsi un outil herméneutique de compréhension de sa propre condition et comme un possible sésame épistémologique pour l'analyse des motifs esthétiques et politiques de la représentation de la condition des diasporas africaines. Dans le mouvement, par des processus heuristiques dynamiques surgissent de nouvelles clés d'interprétation du moment présent, permettant d'imaginer un avenir autre par rapport à celui qui semblait inexorablement tracé.

Daniela RICCI
Université Paris Nanterre

27 Barlet, Olivier, « Kinshasa Palace », *Africultures*, *op. cit.*

BIBLIOGRAPHIE

Barlet Olivier, 2012, *Les cinémas d'Afrique des années 2000. Perspectives critiques*, Paris, L'Harmattan, coll. Images plurielles.

Barlet Olivier, 2007, « Kinshasa Palace », <www.africultures.com/php/?nav=article&no=6788>, consulté le 5 juin 2015.

Barlet Olivier, 2002a, « Propos de *Le Clandestin* et *Macadam Tribu*. Entretien avec José Laplaine », <www.africultures.com/php/index.php?nav=article&no=2439>, consulté le 10 octobre 2016.

Barlet, Olivier, 2002b, « Entretien avec Zeka Laplaine », <www.africultures.-com/php/?nav=article&no=2487>, consulté le 5 juin 2015.

Barlet Olivier, 2003, « Je voulais que la peau parle ! Entretien avec Zeka Laplaine à propos du Jardin de Papa », <www.africultures.com/php/index.php?nav=article&no=3071>, consulté le 2 janvier 2018.

Bhabha Homi K., Rutherford Jonathan, 2002, « Le tiers-espace (entretien) », *Multitudes*, 2006, n° 3, n° 26, p. 95-107.

Chambers Iain, 1994, *Migrancy, Culture, Identity*, Londres, Routledge.

Deleuze Gilles, 1985, *L'image-temps*, Paris, Les Éditions de Minuit.

Deleuze Gilles, Félix Guattari, *Kafka, pour une littérature mineure*, Paris, Les Éditions de Minuit, 1975.

Esquenazi Jean-Pierre, 2009, *La vérité de la fiction. Comment peut-on croire que les récits de fiction nous parlent sérieusement de la réalité ?*, Paris, Lavoisier.

Hamburger Kate, 1986, *Logique des genres littéraires*, Paris, Seuil.

Naficy Hamid, 2001, *An Accented Cinema : Exilic and Diasporic Filmmaking*, Princeton (NJ), Princeton University Press.

Petty Sheila, 2008, *Contact Zone. Memory, Origin and Discourse in Black Diasporic Cinema*, Detroit, Wayne State University Press.

Pfaff Françoise (dir), 2004, *Focus on African Films*, Bloomington / Indianapolis, Indiana University Press.

Ricci Daniela, 2016, *Cinémas des diasporas noires : esthétiques de la reconstruction*, Paris, L'Harmattan, coll. Images Plurielles.

Tcheuyap Alexie, 2011, *Postnationalist African Cinemas*, Manchester / New York, Manchester University Press.

Thackway Melissa, 2003, *Africa Shoots Back: Alternative Perspectives in Sub-Saharan Francophone African Film*, Bloomington, Indiana University Press.

FILMOGRAPHIE

Bakupa-Kanyinda Balufu, 2007, *Juju Factory*, France / Belgique / RDC.
Gerima Haile, 2008, *Teza*, Ethiopie / Allemagne / France.
Gomis Alain, 2001, *L'Afrance*, France / Sénégal.
Keita Mama, 2009, *L'absence*, France / Guinée / Sénégal.
Laplaine Zeka, 1996, *Macadam Tribu*, France / RDC.
Laplaine Zeka, 1996, *Le Clandestin*, France / RDC / Mali.
Laplaine Zeka, 2001, *Paris : XY*, France / RDC.
Laplaine Zeka, 2004, *Le jardin de papa*, France / RDC.
Laplaine Zeka, 2006, *Kinshasa Palace*, France / RDC.
Laplaine Zeka, 2010, *Après la gare*, France / RDC.
Laplaine Zeka, 2016, *Troubles*, France / RDC.
Ousmane Sembène, 2009, *Faat Kiné*, France / Sénégal.
Ousmane Sembène, 1966, *La noire de*, France / Sénégal.

BIBLIOGRAPHIE

Addar Djamila, 2012, « Le Kabyle : la langue de Zahra », *berberes.com*, <www. berberes.com/index.php?option=com_content&view=article&id=3414:le-kabyle-la-langue-de-zahra&catid=41:culture&Itemid=62<, consulté le 20 mars 2014.

Adesokan Akin, 2011, *Postcolonial Artists and Global Aesthetics*, Bloomington / Indianapolis, Indiana University Press.

Akynyemi, Tony Dele et Leonard Ajayi-Odekhiran, 2010, « Interview conducted by Sophie Samyn », Eindhoven 24th Apr 2010.

Albéra François (dir.), 2008, *Poétique du film. Textes des formalistes russes sur le cinéma*, Lausanne, L'Âge d'Homme.

Almeida Paulo Ricardo de, 2018, « O Leão de Sete Cabeças », *Contracampo. Revista de Cinema*, <www.contracampo.com.br/74/derleone.htm>, consulté le 5 février 2018.

Althusser Louis, 1973, *Pour Marx*, Paris, Maspero.

Álvarez Santiago, 2014, « Arte y Compromiso », *Arteria del Hombre Nuevo*, consulté le 20 octobre 2014.

Andrade Mário Pinto de (dir.), 1975, *Antologia Temática de Poesia Africana. Cabo Verde, São Tomé e Príncipe, Guiné, Angola, Moçambique. I - Na Noite Grávida de Punhais*, Lisbonne, Sá da Costa.

Anderson, Benedict, 1983, *Imagined Communities : Reflections on the Origin and Spread of Nationalism*, Londres, Verso.

Ayorinde, Steve, 1999, « Video and celluloid… a homeboy shoots up abroad », The Guardian Nigeria, 28 Janvier 1999.

Barber, Karin, 1987, « Popular Arts in Africa », African Studies Review 30(3), p. 1-78.

Barrot, Pierre (ed.), 2005, *Nollywood : Le phénomène video au Nigeria*, Paris, L'Harmattan.

Bernabé Jean, Patrick Chamoiseau, Raphaël Confiant, 1993, *Éloge de la Créolité / In praise of Creolneess*, (édition bilingue), Paris, Hors série Littérature, Gallimard.

Bhabha Homi, 1994, *The Location of Culture*, London / New York, Routledge.

Badiou Alain, 2010, *Cinéma*, Paris, Nova Éditions.

Balandier Georges, 1951, « La situation coloniale : approche théorique », *Cahiers internationaux de sociologie*, vol. 11, p. 44-79.

Baldwin James, 1956, *Giovanni's Room*, New York, Dial Press.

Baldwin James, 1963, *The Fire Next Time*, New York, Dial Press.

Baldwin James, 1998, *Collected Essays*, New York, The Library of America.

Barlet Olivier, « Les cinq grandes décennies du cinéma africain », *Africamania 50 ans de cinéma africain à la Cinémathèque française*, 2008, p. 8, <africultures.-com/les-cinq-decennies-des-cinemas-dafrique-7304/>, consulté le 1er avril 2018.

Barlet Olivier, 2012, *Les cinémas d'Afrique des années 2000. Perspectives critiques*, Paris, L'Harmattan, coll. « Images plurielles ».

Barlet Olivier, 2007, « Kinshasa Palace », *africultures*, <www.africultures.com/php/?nav=article&no=6788>, consulté le 5 juin 2015.

Barlet Olivier, 2002a, « Propos de *Le Clandestin* et *Macadam Tribu*. Entretien avec José Laplaine », <www.africultures.com/php/index.php?nav=article&no=2439>, consulté le 10 octobre 2016.

Barlet, Olivier, 2002b, « Entretien avec Zeka Laplaine », <www.africultures.-com/php/?nav=article&no=2487>, consulté le 5 juin 2015.

Barlet Olivier, 2003, « Je voulais que la peau parle ! Entretien avec Zeka Laplaine à propos du Jardin de Papa », <www.africultures.com/php/index.php?nav=article&no=3071>, consulté le 2 janvier 2018.

Barnouw Erik, 1993, *Documentary. A History of the Non-Fiction Film*, New York / Oxford, Oxford University Press.

Benjamin Walter, 2007, « Über den Begriff der Geschichte », *Erzählen : Schriften zur Theorie der Narration und zur literarischen Prosa*, Frankfurt, am Main Suhrkamp.

Berghahn Daniela, 2006, « No Place like home ? Or impossible homecomings in the films of Faith Akin », *New Cinema Journal of Contemporary Films*, vol. 4, n° 3, p. 141-153.

Bhabha Homi K., Rutherford Jonathan, 2002, « Le tiers-espace (entretien) », *Multitudes*, 2006, n° 3, n° 26, p. 95-107.

Bloom Peter J., 2009, « The State of French Cultural Exceptionalism : the 2005 Uprisings and the Politics of Visibility », *Frenchness and the African Diaspora : Identity and Uprising in Comtemporary France*, in Charles Tshimanga, Didier Gondola, Peter J. Bloom (éds.), Bloomington / Indianapolis, Indiana University Press, p. 227-247.

Bloom Peter, 1999, « Beur Cinema and the Politics of Location : French Immigration Politics and the Naming of a Film Movement », *Social Identities*, vol. 5, n° 4, p. 469-487.

Boni-Claverie Isabelle, 2017, *Trop Noire pour etre Française*, Paris, Taillandier.

Cabaço José Luís, 2010, *Moçambique : Identidades, Colonialismo e Libertação*, Maputo, Marimbique.

Cabral Amílcar, « Libertação Nacional e Cultura », 2011, in Manuela Ribeiro Sanches (dir.), *Malhas que os Impérios Tecem. Textos Anticoloniais. Contextos Pós-Coloniais*, Lisbonne Edições, vol. 70, p. 355-375.

Césaire Aimé, [1950, Reclame], 1955, *Discours sur le colonialisme*, Paris, Présences Africaines.

Chambers Iain, 1994, *Migrancy, Culture, Identity*, Londres, Routledge.

Chion Michel, 1982, *La Voix au cinéma*, Paris, Éditions de l'Étoile / Cahiers du Cinéma.

Coates Ta-Nehesi, 2015, *Between the World and Me*, Melbourne, The Text Publishing Company.

Cullen Deborah, Elvis Fuentes, 2012, *Caribbean Art at the Crossroads of the World*, New York, New Heaven / London, El Museo del Barrio / Yale University Press.

Deleuze Gilles, Guattari Félix, 1980, « Le lisse et le strié », *Capitalisme et schizophrénie 2 : Mille plateaux*, Paris, Minuit, p. 592-625.

Deleuze Gilles, Guattari Félix, 1996, *Kafka. Pour une littérature mineure*, Paris, Minuit.

Danticat Edwidge, 2011, *Create Dangerously, the immigrant artist at work*, New York, Vintage Books.

Desai, Jigna, 2004, *Beyond Bollywood : The Cultural Politics of South Asian Diasporic Film*, New York, Routledge.

Diao Claire, 2017, *Double vague. Le nouveau souffle du cinéma français*, Paris, Au Diable Vauvert.

Diawara Manthia, 1999, « The I Narrator in Black Diaspora Documentary », in Phillys R. Klotman, Janet K. Cutler (eds.), *Struggles for Representation. African American Documentary Film and Video*, Bloomington / Indianapolis, Indiana University Press, p. 315-328.

Djebar Assia, 2000, *Idiome de l'exil et langue de l'irréductibilité*, Discours d'acceptation du « Prix pour la Paix », *German Publishers and Bookstores*, <remue. net/spip. php?article683>, consulté le 23 mai 2016.

Einstein Carl [1934] 2003, *Georges Braque*, Bruxelles, Éditions La Part de l'Œil.

Elsaesser, Thomas, 2005, *European Cinema : Face to Face with Hollywood*, Amsterdam, Amsterdam University Press.

Emelonye, Obi, 2009 « Interview conducted by Alessandro Jedlowski », Londres 9 décembre 2009.

Esquenazi Jean-Pierre, 2009, *La vérité de la fiction. Comment peut-on croire que les récits de fiction nous parlent sérieusement de la réalité ?*, Paris, Lavoisier.

Eze Chielozona, 2014, « Rethinking African Culture and Identity : the Afropolitan Model », *Journal of African Cultural Studies*, vol. 26, n° 2, p. 234-247.

Fanon Frantz, [1961] 1991, *Les Damnés de la terre*, Paris, Gallimard.

Ganti, Tejaswini, 2012, *Producing Bollywood. Inside the Contemporary Hindi Film Industry*, Durham, Duke University Press.

Gabriel Teshome, 1988, « Thoughts on Nomadic Aesthetics and The Black Independent Cinema : Traces of a Journey », in Mbye B. Cham, Claire Andrade-Watkins (eds), *Blackframes : Critical Perspectives on Black Independent Cinema*, Cambridge MA The MIT Press, p. 62-79.

García Espinosa Julio, [1969] 2013, « Por un cine imperfecto », *Cine Latinoamericano*, consulté le 5 février 2018.

Gavarini Jehanne-Marie, 2013, « The *Cité's* Architectural, Linguistic and Cinematic Frontiers in *L'Esquive* », in Raita Merivirta, Kimmo Ahonen, Heta Mulari, Rami Mähkä (eds.), *Frontiers of Screen History : Imagining European Borders in Cinema, 1945-2010*, Bristol / Chicago, Intellect / University of Chicago Press, p. 155-173.

Getino Octavion Solanas Fernando [1969] 2014, « Hacia un tercer cine. Apuntes y experiencias para el desarrollo de un cine de liberación en el mundo », *Cinefagos*, conulté le 4 février 2018, p. 1-32.

Glissant Édouard, 1997, *Traité du Tout-Monde. Poétique IV*, Paris, Coll. Blanche, Gallimard.

Godard Jean-Luc, 1970, « Le Groupe Dziga Vertov », *Cinéma 70*, n° 151, republié dans *La Furia Umana*, février 2018, n° 33.

Göle Nilüfer, 1997, *The Forbidden Modern : Civilization and Veiling (Critical Perspectives on Women and Gender)*, Ann Arbor, University of Michigan Press.

Gramsci Antonio, 2012, *Guerre de mouvement et guerre de positon*, Paris, La Fabrique.

Grassilli, Mariagiulia, 2008, « Migrant cinema : Transnational and guerrilla practices of film production and representation », *Journal of Ethnic and Migration Studies* 34 (8), p. 1237-1255.

Gray Ros, Eshun Kodwo, 2011, « The Militant Image : A CinéGeography », *Third Text*, n° 25, vol° 1, p. 1-12.

Guneratne, Anthony et Wimal Dissanayake (eds), 2003, Rethinking Third Cinema, New York, Routledge.

Guattari Félix, 1977, *La révolution moléculaire*, Paris, Union Générale d'Éditions, Éditions Recherches.

Guebuza Armando, Vieira Sergio, 1971, « The Growth of a New Culture, *Mozambique Revolution* », octobre-décembre, n° 49, p. 10-11.

Gutiérrez Alea Tomás, [1982] 1997, « The Viewer's Dialectic », in Michael T. Martin (ed.), *New Latin American Cinema*, 1, *Theory, Practices and Transcontinental Articulations*, Detroit, Wayne University Press, p. 108-131.

Haraway Donna, *Des singes, des cyborgs et des femmes. La réinvention de la nature*. Paris, Jacqueline Chambon, 2009.

Hall Stuart [1989] 1993, « Cultural Identity and Diaspora », *Identity : Community, Culture, Difference* », Jonathan Rutherford (ed.), London Lawrence & Wishart, p. 222-237.

Hamburger, Kate, 1986, *Logique des genres littéraires*, Paris, Seuil.

Haynes Jonathan, 2013, « The Nollywood Diapora : A Nigerian Video Genre », in Mathias Krings, Onokome Okome (eds), *Global Nollywood : The Transnational Dimensions of an African Video Film Industry*, Bloomington / Indianapolis, Indiana University Press, p. 73-99.

Haynes Jonathan, 2016, *Nollywood : The Creation of Nigerian Film Genres*, Chicago, University of Chicago Press.

Haynes, Jonathan (ed.), 2000, *Nigerian Video Films*, Athens, Ohio University Press.

Haynes, Jonathan, 2003, « Africans Abroad : A Theme in Film and Video », *Africa & Mediterraneo* No. 45, p. 22-29.

Hegel G.W.F. [1822-1830] 1965, *La Raison dans l'Histoire*, Paris, Éditions 10/18, <www.monde-diplomatique.fr/2007/11/HEGEL/15275>, consulté le 9 février 2018.

hooks bell, 1992, « Representations of Whiteness », *Black Looks : Race and Representation*, Boston MA South End Press, p. 165-178.

Kavoori, Anandam P. et Aswin Punathanbekar (eds.), 2008, *Global Bollywood*, New York, New York University Press.

Kealhofer-Kemp Leslie, 2013, « Mothers, daughters, and the transmission of memory in documentaries directed by women of Maghrebi origin in France », *Studies in French inema*, vol. 13, n° 3, p. 227-240.

Kiwan Nadia, 2007, « Equal Opportunities and Republican Revival : Post-Migrant Politics in Contemporary France (2002-2005) », *International Journal of Francophone Studies*, vol. 10, n° 1-2, p. 157-172.

Israel Paolo, 2014, *In Step with the Times : Mapiko Masquerades of Mozambique*, Athens, Ohio University Press.

Jameson Fredric, 1991, *Postmodernism, Or, The Cultural Logic of Late Capitalism*, Durham, Duke University Press.

Jedlowski, Alessandro, 2013, « From Nollywood to Nollyworld : Processes of transnationalization in the Nigerian video industry », in *Global Nollywood : Transnational Dimensions of an African Video Film Industry*, sous la direction de Matthias Krings et Onookome Okome, Bloomington, Indiana University Press, 25-45.

Jedlowski, Alessandro, 2012, « On the periphery of Nollywood : Nigerian video filmmaking in Italy and the emergence of an intercultural aesthetics », in *Postcolonial Italy : Colonial Past in Contemporary Culture*, sous la direction de Cristina Lombardi-Diop et Caterina Romeo, New York, Palgrave McMillan, 239-252.

Landesman Ohad, 2016, « Lying to Be Real : The Aesthetics of Ambiguity in Docufictions », in Daniel Marcus, Selmin Kara (eds.), *Contemporary Documentary*, Oxon / New York, Routledge, p. 9-25.

Larkin, Brian, 1997, « Indian films and Nigerian lovers : Media and the creation of parallel modernities », *Africa* 67(3), p. 406-440.

Lénine, 2012, [1917], *L'État et la révolution*, Paris, La Fabrique.

Levine Alison J. Murray, 2008, « Mapping Beur Cinema in the New Millennium », *Journal of Film and Video*, vol. 60, n° 3-4, p. 42-59.

Leyda Jay, 1973, *Kino. A History of the Russian and Soviet Film*, Londres, George Allen & Unwin.

Lionnet, Françoise et Shu-mei Shih (eds.), 2005, *Minor Transnationalism*, Durham, Duke University Press.

Lukács Georg, 2012, *La théorie du roman*, Paris, Gallimard.

Lukács Georg, 1968, *Histoire et conscience de classe*, Paris, Flammarion.

Marks, Laura, 2000, *The Skin of the Film : Intercultural Cinema, Embodiment, and the Senses*, Durham, Duke University Press.

Marx Karl, Engels Friedrich, [1848] 1983, *Manifeste du Parti communiste*, Paris, Champ Libre.

Marx Karl, Engels Friedrich, 2014, *Manifest der Kommunistischen Partei. Marxists Internet Archive*, consulté le 4 février 2018.

Mayer, Vicky, 2009 « Bringing the social back in : Studies of production cultures and social theory », in *Production Studies : Cultural Studies of Media Industries*, sous la direction de Vicky Mayer, Miranda Banks et John T. Caldwell, New York, Routledge, 15-24.

Mayer, Vicky, Miranda Banks et John T. Caldwell (eds.), 2009, *Production Studies : Cultural Studies of Media Industries*, New York, Routledge.

Mbembe Achille, 2010, *Sortir de la grande nuit, Essai sur l'Afrique décolonisée*, Paris, La Découverte.

Mbembe Achille, 2013, *Sortir de la grande nuit : Essai sur l'Afrique décolonisée*, Paris La Découverte.

Mbembe Achille, 2016, *Politiques de l'inimitié*, Paris, La Découverte.

Memmi Albert, 2006, *Decolonization and the Decolonized*, Translated by R. Bononno, Minneapolis / London, University of Minnesota Press.

Michaux Henri, 1985, *Déplacements Dégagements*, Paris, Gallimard.

Naficy Hamid, 2001, *An Accented Cinema : Exilic and Diasporic Filmmaking*, Princeton, Princeton University Press.

Nichols Bill, 2001, *Introduction to Documentary*. Bloomington / Indianapolis, Indiana University Press.

Nichols Bill, 1994, *Blurred Boundaries : Questions of Meaning in Contemporary Culture*, Bloomington / Indianapolis, Indiana University Press.

Odjegba, Fred, 1996, « Nigerian film stars storm London », Thisday, 11 Octobre 1996.

Peck Raoul, 2012, *Stolen Images : Lumumba and the early films of Raoul Peck*, New York, Seven Stories Press.

Peck Raoul, 2016, *Monsieur Le Ministre… Jusqu'au bout de la patience*, Haiti, Éditions Velvet.

Peck Raoul, 2017a, *I Am Not Your Negro*, New York, Vintage International.

Peck Raoul, 2017b, *Raoul Peck. Récits d'Haïti en Cinq Films*, DVDs and Booklet, Haiti, Velvet Film.

Petty, Sheila J., 2008, *Contact Zone. Memory, Origin and Discourse in Black Diasporic Cinema*, Detroit, Wayne State University Press.

Pfaff, Françoise, 2004, (dir.) *Focus on African Films*, Bloomington et Indianapolis, Indiana University Press.

Pizzini Joel, 2006, « A Montagem de Guerra », in Dolores Papa (ed.), *Ruy Guerra. Filmar e Viver*, São Paulo, Centro Cultural Banco do Brasil, p. 42-48.

Pressley-Sanon Toni, Sophie Saint-Just (eds.), 2015, *Raoul Peck. Power, Politics, and the Cinematic Imagination*, New York / London, Lexington Books.

Punathambekar, Aswin, 2005, « Bollywood in the Indian-American diaspora. Mediating a transitive logic of cultural citizenship », *International Journal of Cultural Studies* 8(2), p. 151-173.

Rancière Jacques, 2011, *Les écarts du cinéma*, Paris, La Fabrique.

Reeck Laura, 2011, *Writerly Identities in Beur Fiction and Beyond*, Lanham, Lexington Books.

Ricci Daniela, 2016, *Cinémas des diasporas noires : esthétiques de la reconstruction*, Paris, L'Harmattan, coll. Images Plurielles.

Rocha Glauber, 1967, « Cela s'appelle l'aurore », *Cahiers du Cinéma*, n° 195, novembre 1967, p. 39-41.

Rocha Glauber, 1975 (23 juillet), « Intervista a Glauber Rocha », *Paese Sera*.

Rocha Glauber, 2006, « Você gosta de Jean-Luc Godard ? », *O Século do Cinema*. São Paulo, Cosac Naify, p. 308-313.

Rosello Mireille, Richard Bjornson, 1993, « The 'Beur Nation' : Towards a Theory of 'Departenance », *Research in African Literatures*, vol. 24, n° 3, p. 14-24.

Saïd Edward W., 1977, *Orientalism*, Londres, Penguin.

Samyn, Sophie, 2010, Nollywood in the Diaspora : An Exploratory Study on Transnational Aesthetics, MA Thesis, Université de Gand (Belgique).

Sarr Felwine, 2016, *Afrotopia*, Paris, Philippe Rey.

Sayad, Abdelmalek, 1999, *La double absence*, Paris, Éditions du Seuil.

Schefer Raquel, 2015, Entretien inédit avec José Luís Cabaço, Paris.

Schefer Raquel, 2015a, *La Forme-Événement. Le cinéma révolutionnaire mozambicain et le cinéma de Libération*, thèse de doctorat en Études cinématographiques et audiovisuelles, Université Sorbonne Nouvelle — Paris 3, soutenue le 6 octobre 2015.

Sanogo Aboubakarr, 2015, In « Focus : Studying African Cinema and Media Today », *Cinema Journal. The Journal for The Society for Cinema & Media Studies*, Winter 2015, vol. 45, n° 2, p. 114-119.

Tarr Carrie, 2005, *Reframing Difference : Beur and Banlieue Filmmaking in France*, Manchester, Manchester University Press.

Tcheuyap Alexie, 2011, *Postnationalist African Cinemas*, Manchester / New York, Manchester University Press.

Thackway Melissa, 2003, *Africa Shoots Back : Alternative Perspectives in Sub-Saharan Francophone African Film*, Bloomington, Indiana University Press.

Thomas Dominic, 2010, « Documenting the Periphery : The Short Films of Faïza Guène », *French Forum*, vol. 35, n° 2-3, p. 191-208.

Thussu, Daya K., 2008, « The globalization of 'Bollywood' : The hype and the hope », in Global Bollywood, sous la direction de Anandam P. Kavoori et Aswin Punathanbekar, New York, NYU Press, p. 97-116.

Trouillet Caroline, 2014, « Les dérives sémantiques de l'immigration », *Africultures (La Marche en héritage)*, n° 97, p. 83-93.

Thurman Wallace, 1929, *The Blacker the Berry : A novel of Negro Life*, New York, The Macaulay Company.

Vergès Françoise, 2012, « The Invention of an African Fabric », SMBA Newsletter 130, *Hollandaise*, <www.smba.nl/en/newsletters/n-130-hollandaise>, consulté le 23 mai 2016.

Viveiros de Castro Eduardo, 2002, *A Inconstância da Alma Selvagem e Outros Ensaios de Antropologia*, São Paulo, Cosac Naify.

West Harry G., 2005, *Kupilikula. Governance and the Invisible Realm in Mozambique*, Chicago / Londres, Chicago University Press.

Xavier Ismail, 2007, *Sertão Mar : Glauber Rocha e a Estética da Fome*, São Paulo, Cosac Naify.

FILMOGRAPHIE

Absence (L'), Mama Keita, France / Guinée / Sénégal, 2009.
Abroad Wahala, Prince Frank Abieyuwa Osharhenoguwu, Italie, 2005.
Afrance (L'), Alain Gomis, France / Sénégal, 2001.
Afrique, je te plumerai…, Jean-Marie Teno, Cameroun, 1992.
Akpegi Boyz, Vincent Omoigui et Simone Sandretti, Italie, 2009.
Amazing World, John Osas Omoregie, Belgique, 2010.
Après la gare, Zeka Laplaine, France / RDC, 2010.
Atlantiques, Diop Mati, Sénégal, 2009.
Bikutsi Water Blues, Jean-Marie Teno, Cameroun, 1988.
Blinded Devil, Vincent Omoigui et Simone Sandretti. Italie, non terminé
Borom Sarret, Ousmane Sembène, Sénégal / France, 1962.
Cafajestes (Os) / La Plage du désir, Ruy Guerra, Brésil, 1962.
Chiasmus, David Lawson, Grande-Bretagne, 2012.
Chosen / L'Élue, Jean-Marie Teno, Cameroun, 2017.
Clandestin (Le), Zeka Laplaine, France / RDC / Mali, 1996.
Claro, Glauber Rocha, Italie, 1975.
Couleur du sacrifice (La), Boucif Mourad, Algérie, 2006.
Dangerous Twins, Tade Ogidan, Nigeria/Royaume-Uni : 2004.
Dapo Junior, Tony Dele Akynyemi, Hollande, 2000.
Der Leone have sept cabeças / Le Lion à sept têtes, Glauber Rocha, Brésil / Italie / France, 1970.
Desperate Heart, John Osas Omoregie, Belgique, 2007.
Echoes of War, Obi Emelonye, Royaume Unis / Nigeria / Sierra Leone, 2003.
Efe-Obomwan, Vincent Omoigui, Italie, 2006.
Estas São as Armas, Murilo Salles, Luís Bernardo Honwana, Mozambique, 1978.
Étoiles (Des), Gaye Dyana, Sénégal, 2013.
Faat Kiné, Ousmane Sembène, France / Sénégal, 2009.
Fièvres / Fevers, Hicham Ayouch, Maroc / France, 2013.
From Amsterdam with Love, Tony Dele Akynyemi, Hollande, 2003.
Fuzis (Os) / Les Fusils, Ruy Guerra, Brésil, 1964.
Gai savoir (Le), Jean-Luc Godard, France, 1969.
Go Forth, Soufiane Adel, France 2014.

Good Friends, Obi Emelonye, Royaume-Uni, 2000.
Grand Mariage (Le), Saïd Abdallah Badroudine, 2016, France.
Hard Nut to Crack (The), Prince Frank Abieyuwa Osharhenoguwu, Italie, 2008.
Holland Heat, Tony Dele Akynyemi, Hollande, 2002.
Hommage, Jean-Marie Teno, Cameroun, 1985.
Hora de los Hornos (La) / L'heure des brasiers, Fernando « Pino » Solanas, Octavio Getino, Argentine, 1966-1968.
Igbo Evbue Ebo, John Osas Omoregie, Belgique, 2003.
Immigrant Eyes (The) John Osas Omoregie, Belgique, 2010.
Italianamerican, Martin Scorsese, États-Unis, 1974.
Jardin de papa (Le), Zeka Laplaine, France / RDC, 2004.
Juju Factory, Balufu Bakupa-Kanyinda, France / Belgique / RDC, 2007.
Kiki Marriage, Prince Frank Abieyuwa Osharhenoguwu, Italie, 2003.
Kinshasa Palace, Zeka Laplaine, RDC / France, 2006.
Langue de Zahra (La), Fatima Sissani, France, 2011.
Last Flight to Abuja, Obi Emelonye, Royaume-Uni/Nigeria, 2012.
London Successor (The), Obi Emelonye, Royaume-Uni, 2006.
Love in Berlin… The Meeting Point, Lancelot Oduwa Imasuen, Allemagne, 2007.
Lucky Joe, Obi Emelonye, Royaume-Uni, 2006.
Ma famille entre deux terres, Nadja Harek, 2015, France.
Macadam Tribu, Zeka Laplaine, France / RDC, 1996.
Madame la France, ma mère et moi, Sami Chala, France, 2013.
Mama Why Me ? I & II, John Osas Omoregie, Belgique, 2008.
Maputo : Meridiano Novo / Maputo : nouveau méridien, Santiago Álvarez, Cuba, 1976.
Mémoires d'immigrés, l'héritage maghrébin, Yamina Benguigui, France, 1997.
Mille Soleils, Mati Diop, France, 2013.
Mirror Boy (The), Obi Emeloye, Nigeria, 2011.
Mueda, Memória e Massacre, Ruy Guerra, Mozambique, 1979-1980.
Nationalité Immigré, Sydney Sokhana, Mauritanie, France, 1975.
Né quelque part, Mohamed Hamidi, France, 2013.
Nine Muses (The), John Akomfrah, Grande-Bretagne, 2010.
Nollywood abroad, Saartje Geerts, Belgiuque, 2008.
Noire de… (La), Ousmane Sembène, France / Sénégal, 1966.
Nova Sinfonia / Nouvelle Symphonie, Santiago Álvarez, Cuba, 1982.
Only Way after Home, but It's Risky, (The), Prince Franck Abieyuwa Osharhenoguwu, Italie, 2007.
Osuofia in London, Kingsley Ogoro, Nigeria, 2003.
Paris : XY, Zeka Laplaine, France / RDC, 200.
Parto (O) / L'accouchement, José Celso Martinez Corrêa, Portugal, 1975.

Plafond de verre (Le), Yamina Benguigui, France, 2004.
Princesses de Bossedi (Les), Josza & Emmanuel Anjembe, 2013, France.
Queda (A) / La Chute, Ruy Guerra, Nelson Xavier, Brésil, 1977.
Run but Can't Hide I & II, Lancelot Oduwa Imasuen, Allemagne, 200.
Saison en France (Une), Haroun Mahamat-Saleh, Tchad, France, 2017.
Sénégalaises et la Sénégauloise(Les), Alice Diop, France, 2005.
Soleil Ô, Med Hondo, France, 1969.
Terre Mère, Louiza Benrezzak, France, 2015.
Teza, Gerima Haile, Éthiopie / Allemagne / France, 2008.
Thé au harem d'Archimède, Mehdi Charef, France, 1985.
Trop noire pour être Française ?, Isabelle Boni-Claverie, France, 2015.
Troubles, Zeka Laplaine, France / RDC, 2016.
Touki Bouki, Djibril Diop Mambety, Sénégal, 1973.
Yawar Mallku / Le Sang du condor, Jorge Sanjinés, Bolivie, 1969.
Under Pressure, Tony Dele Akynyemi, Hollande, 1998.
*Une heure avant la datt*e, Rachid Djaïdani, France, 2011.
Uwado, Vincent Omoigui et Simone Sandretti, Italie, 200.
We are not slaves, Vincent Omoigui et Simone Sandretti, Italie, non terminé.
Vacances au pays, Jean-Marie Teno, Cameroun, 2000.
Vache (La), Mohamed Hamidi, France, 2016.
Vent d'est (Le), Groupe Dziga Vertov, France, 1970.
Vinte e cinco / Vingt-cinq, José Celso Martinez Corrêa, Celso Luccas, Mozambique / France, 1975-1977.
Zero your mind, Lancelot Oduwa Imasuen, Allemagne, 2003.

INDEX DES FILMS CITÉS

RÉSUMÉS/*ABSTRACTS*

Anne CRÉMIEUX, Gilles REMILLET, Daniela RICCI, Melissa THACKWAY, « Introduction »

Alors que le cinéma mondial faisait ses révolutions esthétiques et idéologiques, les cinémas nationaux d'Afrique se sont développés aux lendemains des indépendances. De peu de poids économique, toujours en proie aux représentations extra-continentales, les cinémas africains continuent de questionner les frontières nationales et cinématographiques pour filmer les interstices, les passages, les révolutions intimes ou sociétales, les lignes de partage concrètes ou métaphoriques, que l'on franchit ou qui séparent…
Mots clés : Cinéma, création, hybridité, circulation, frontières, esthétique, mouvement.

Anne CRÉMIEUX, Gilles REMILLET, Daniela RICCI, Melissa THACKWAY, *"Introduction"*

At a time when cinema all over the world was undergoing aesthetic and ideological revolutions, national cinemas developed in Africa in the aftermath of Independence. Economically constrained, still dominated by extra-continental representations, African cinema continues to question national and cinematic borders to film in-betweeness. Published in English or French, nine articles look at the representation of passages, of personal and/or societal revolutions, of real and metaphorical lines of separation that may or may not be crossed…
Keywords: Cinema, creation, hybridity, circulation, border, frontier, aesthetics, movement.

Melissa THACKWAY, « Dépasser les limites. Frontières, circulations et identités dans les cinémas d'Afrique et de sa diaspora »

Dans le monde postcolonial et globalisé actuel, de nombreux films questionnent les frontières et explorent les thèmes connexes de l'itinérance, de la migration et de la (dé)territorialisation. Ancrés dans le vécu personnel, ces films traversent des lignes spatio-temporelles et filmiques tout en tissant de nouvelles filiations et en affirmant une présence africaine polymorphe au monde.

Mots clés : frontières, traversées, exils, cinémas transnationaux, circulations esthétiques, quêtes identitaires, filiations, hybridité.

Melissa THACKWAY, *"Crossing Lines. Frontiers, circulations and identities in African and diaspora film"*

In today's postcolonial, global world, a number of films question borders and explore the related themes of itinerancy, migration and (de)territorialization. Rooted in personal experiences, they cross spatio-temporal and filmic lines while weaving new filiations and asserting a polymorphic African presence in the world.

Keywords: Borders, crossings, exile, transnational cinema, aesthetic circulations, identity quests, filiations, hybridity.

Raquel SCHEFER, « Le cinéma révolutionnaire mozambicain et le Nouveau cinéma latino-américain. Vers une cartographie historique et esthétique du "cinéma de Libération" »

Les relations historiques et les rapports esthétiques entre le cinéma révolutionnaire mozambicain (1966-1987) et le Nouveau cinéma latino-américain des années 1960 et 1970 renvoient à un processus de suppression ou de franchissements des frontières et donc, au principe même de « traversée » dans toutes ses déclinaisons. Ces cinémas seront mis en rapport grâce à la notion de « cinéma de Libération », en tant que catégorie historique et esthétique, en même temps que politique et épistémique.

Mots clés : Mozambique, Amérique latine, libération, révolution.

Raquel SCHEFER, *"Mozambican and New Latin American Revolutionary Cinema. Towards a Historic and Aesthetic Map of 'Liberation Cinema'"*

The historical relations and aesthetic connections between the Mozambican revolutionary cinema (1966-1987) and the New Latin American cinema of the 1960s and 1970s refer to a process of deletion or crossing of borders and therefore to the very principle of "crossing" in all its variations. These cinemas are connected to each other through the notion of "Liberation Cinema", as a category that is at once historical and aesthetic, political.

Keywords: Mozambique, Latin America, liberation, revolution.

Jean-Marie TENO, « Traversées. Du personnel au politique, du "jeu" au "je" »

Dans ce texte écrit à la première personne et fondé sur l'expérience personnelle et artistique, Jean-Marie Teno revient sur son parcours. Le cinéma est associé au « jeu » qui devient « je ». Teno souligne à quel point la vie et le travail du cinéaste ne peuvent être dissociés, comment le cinéma mélange le réel et l'imaginaire, la vie et sa représentation.
Mots clés : *Terre mère*, accentué, performatif, identité, diversité, dialogue.

Jean-Marie TENO, "*Crossings. From the Personal to the Political, from Playing to Being*"

In this text written in the first person and based on his personal and artistic experience, Jean-Marie Teno looks back at his journey. Cinema is a sort of "game", "jeu" in French, which through homophony becomes "je" – "I". Teno underlines how the life and work of the filmmaker cannot be separated, how cinema mixes reality and imagination, life and its representation.
Keywords: Terre mère, *accented, performative, identity, diversity, dialogue.*

Isabelle BONI-CLAVERIE, « Identités et traversée »

À travers le récit personnel de son documentaire *Trop noire pour être Française ?*, Isabelle Boni-Claverie illustre sa position diasporique et celle de son cinéma. Elle déconstruit le secret familial et le mensonge républicain, illustrant l'imbrication du politique au personnel et à l'esthétique. La subjectivisation de la narration historique restitue une pluralité des perspectives qui enrichissent le récit conventionnel.
Mots clés : Raoul Peck, diaspora, interdisciplinarité, expérience, style, composite.

Isabelle BONI-CLAVERIE, "*Identities and crossings*"

Through the personal narration of her documentary Too Black to be French ?, *Isabelle Boni-Claverie illustrates her diasporic position and that of her cinema. She deconstructs family secrets and national lies, illustrating how the personal, and artistic, is political. The subjectivization of the historical narrative restores a plurality of perspectives that enriches the conventional tale.*
Keywords: Raoul Peck, diaspora, interdisciplinarity, experience, style, composite.

Claire DIAO, « Double Vague. Interroger la double culture à l'écran »

Les films de la « double vague » interrogent l'entourage familial pour s'ouvrir à une histoire plus vaste. L'analyse montre les vécus dénaturés par les écrans et les fait dialoguer avec les voyages inverses (de la France à l'Afrique) que les nouvelles générations entreprennent en réponse aux migrations des parents. Ces films traversant les frontières, questionnent l'héritage culturel et la transmission, dépassent la barrière linguistique par la reprise de la parole.

Mots clés : Nollywood, entre-deux, industrie, production, distribution.

Claire DIAO, *"The double wave. Interrogating biculturalism on screen"*

The films of the "double wave" question the family environment to tell a wider story. The article shows lives transformed by screens and has them comment on the reverse journeys (from France to Africa) undertaken by new generations in response to the migration of their parents. These films cross borders, questioning cultural heritage and transmission by reclaiming a voice beyond the language barrier.

Keywords: Nollywood, in-between, industry, production, distribution.

Sheila PETTY, « Qui fait la France ? Reconstruire l'identité française dans *Terre Mère* de Louiza Benrezzak »

Ce texte analyse comment la réalisatrice française d'origine maghrébine Louiza Benrezzak adopte un « style accentué » dans *Terre Mère* (2015) pour aborder la construction identitaire et sa relation avec la société, la culture et l'histoire européennes. Le film reflète les questions de citoyenneté et d'appartenance ainsi que les droits fondamentaux dans la vie comme dans la mort. Le style de Benrezzzak est un mélange novateur d'autobiographie, de performance, de fiction et de documentaire.

Mots clés : *Kinshasa Palace*, diaspora, esthétique, mouvement, déplacement, frontières, heuristique.

Sheila PETTY, "Qui fait la France? *Reconstructing French Identity in Louiza Benrezzak's* Terre Mère"

This essay analyzes the ways in which Maghrebi-descended French filmmaker Louiza Benrezzak cinematically portrays, through an "accented style," identity construction and her complex relationship with European society, culture and history in Terre Mère *(2015). The film reflects issues of citizenship and belonging and fundamental human rights in both life and death. Benrezzzak's authorial method is an innovative blending of the autobiographical and performative, of fiction and documentary.*

Keywords: Kinshasa Palace, *diaspora, aesthetics, movement, displacement, borders, heuristic.*

Beatriz LEAL RIESCO, « *Je ne suis pas votre nègre* de Raoul Peck. Traverser l'espace, le temps, les publics, les genres »

Les travaux sur les cinémas d'Afrique et des diasporas gagnent en complexité, où l'interdisciplinarité devient centrale. Cette analyse de *Je ne suis pas votre nègre* (2016) du réalisateur haïtien Raoul Peck montre la fécondité du dialogue entre les disciplines, les espaces et les concepts dans l'étude de productions audiovisuelles et l'analyse de l'expérience personnelle dans son contexte sociohistorique. Cela débouche sur une œuvre complexe et multiforme, à valeur universelle.

Mots clés : documentaire, Histoire, parcours, jeu, je, vie, représentation, réel, imaginaire.

Beatriz LEAL RIESCO, "I Am Not Your Negro *by Raoul Peck. Crossing Spaces, Times, Audiences, and Genres*"

Recent studies of African cinema and its diaspora have grown more complex, with disciplinary crossing now a focal point. An analysis of Haitian filmmaker Raoul Peck's I Am Not Your Negro (2016) shows the fruitfulness of navigating among disciplines, spaces, and concepts to study audiovisual works and to approach personal experience in a socio-historical context. This in turn opens doors into a complex and multiform oeuvre of universal appeal.

Keywords: Documentary, history, path, life, first-person address, representation, the real, imagination.

Alessandro JEDLOWSKI, « La production de films nigérians en Europe. Sociétés de production diasporiques et pratiques cinématographiques "parallèles" »

Cet article présente la production video nigériane en Europe et ses differentes stratégies de production et de marketing dans divers pays. Bien que ces productions exploitent la réputation de Nollywood, leur position envers l'industrie nigériane est ambigüe, prises entre l'Europe et le Nigeria en termes de public, de style, de budget et de distribution. Cette position d'entre-deux est à la fois un atout et une fragilité.

Mots clés : migrations, double vague, langue, transmission, Histoire.

Alessandro JEDLOWSKI, *"The Production of Nigerian Films in Europe. Diasporic Production Companies and 'Parallel' Film Practices"*

This essay looks at Nigerian video film production in Europe and analyses the different production and marketing strategies in various countries. Although Nollywood has worked as a brand to gain recognition, the position toward the industry in Nigeria is ambiguous, caught as they are between Europe and Nigeria in terms of audience, style, production value and distribution strategy. Their in-betweeness is both a strength and a weakness.

Keywords: Migrations, Dual Wave, language, transmission, history.

Daniela RICCI, « Trajectoires personnelles et collectives dans *Kinshasa Palace*. La traversée comme outil herméneutique »

Le texte propose une analyse de *Kinshasa Palace* (Zeka Laplaine, RDC / France, 2006). La traversée, parcours heuristique de quête et découverte par le voyage, devient un outil d'interprétation de la condition africaine diasporique. Histoire personnelle et collective se superposent pour exprimer de nouvelles subjectivités qui associent réflexion théorique et expérience personnelle. Ici, une « esthétique du mouvement » dépasse les frontières géographiques, linguistiques et surtout formelles.

Mots clés : documentaire, diaspora, colonial, personnel, politique, récit, histoire.

Daniela RICCI, *"Personal and collective trajectories in* Kinshasa Palace. *Crossing as hermeneutics"*

The article is an analysis of Kinshasa Palace *(Zeka Laplaine, DRC / France, 2006) where crossing, as a heuristic path of quest and discovery through travel, becomes a means of interpretation of the African diasporic condition. Personal and collective history mingle to express new subjectivities that combine theoretical reflection and personal experience. This generates an "aesthetic of movement" beyond geographical, linguistic and especially stylistic boundaries.*

Keywords: Documentary, diaspora, colonial, personal, political, story, history.

Achevé d'imprimer par Corlet Numéric,
Z.A. Charles Tellier, Condé-en-Normandie (Calvados), en février 2020
N° d'impression : 163886 - dépôt légal : février 2020
Imprimé en France

CLASSIQUES
GARNIER

Bulletin d'abonnement revue 2020

Écrans

2 numéros par an

M., Mme :

Adresse :

Code postal : Ville :

Pays :

Téléphone : Fax :

Courriel :

Prix TTC abonnement France, frais de port inclus		Prix HT abonnement étranger, frais de port inclus	
Particulier	Institution	Particulier	Institution
41 €	50 €	49 €	58 €

Cet abonnement concerne les parutions papier du 1er janvier 2020 au 31 décembre 2020.

Les numéros parus avant le 1er janvier 2020 sont disponibles à l'unité (hors abonnement) sur notre site web.

Modalités de règlement (en euros) :

Par carte bancaire sur notre site web : www.classiques-garnier.com
Par virement bancaire sur le compte :
Banque : Société Générale – BIC : SOGEFRPP
IBAN : FR76 3000 3018 7700 0208 3910 870
RIB : 30003 01877 00020839108 70
Par chèque à l'ordre de Classiques Garnier

Classiques Garnier
6, rue de la Sorbonne – 75005 Paris – France
Fax : + 33 1 43 54 00 44
Courriel : revues@classiques-garnier.com

mis à jour le 22/10/2019